Ranger : l'étincelle du bonheur

DU MÊME AUTEUR :

La Magie du rangement, First, 2015

Marie Kondo

Ranger : l'étincelle du bonheur
Un manuel illustré par une experte dans l'art de l'organisation et du rangement

Traduction de l'anglais par Laurence Le Charpentier

Pygmalion

Titres originaux : *Jinsei ga Tokimeko Katazuke no Maho 2* et *Irasuto de Tokimeku Katazuke no Maho*
© 2012, 2015, Marie Kondo
Édition originale publiée en deux volumes en 2012 et 2015 par Sunmark Publishing, Inc., Tokyo, Japon
Droits français/anglais cédés par Sunmark Publishing, Inc., via InterRights Inc., Tokyo, Japon, et Gudovitz & Company Literary Agency, New York, USA.
Traduction anglais/japonais par Cathy Hirano
Traduction français/anglais par Laurence Le Charpentier
© Masako Inoue, pour les illustrations
© 2016, Pygmalion, département de Flammarion pour la traduction française
ISBN : 978-2-7564-1963-3

Sommaire

Préface 13

Première partie
Les astuces d'experte de KonMari

1. Affinez votre sensibilité à la joie 27
   Ranger est une façon de se confronter à soi-même ; nettoyer est un moyen de se confronter à la nature 27
   Si vous ignorez ce qui vous procure de la joie, commencez par ce qui vous tient à cœur 30
   Se dire que « cela pourrait servir plus tard » est défendu ... 34
   Pour les objets essentiels qui ne vous rendent pas heureux, pensez à leur utilité 36
   Gardez le cosplay pour vous 40
   Ne confondez pas désordre temporaire et effet rebond 42
   Si vous avez envie de tout abandonner 45
   Un traitement de choc : prenez des photos du désordre 48
   Peu importe combien cela peut vous paraître encombré, ne faites pas de pause, ne vous arrêtez pas, n'abandonnez surtout pas 50

Si vous êtes loin d'être une fée du logis, attendez-vous à une transformation spectaculaire 53

2. Comment inonder de joie votre espace de vie 57
Visualisez votre mode de vie idéal à partir d'une simple photo 57
Gardez en toute confiance ces choses classées dans la zone grise 60
Faites de votre maison débordante de joie votre propre musée 63
Ajoutez de la couleur à votre vie 65
Tirer parti au maximum des objets « inutiles » qui vous inspirent tout de même de la joie 68
Créez votre puits d'énergie 74

3. Tout ce qu'il faut savoir sur le rangement dans la joie et la bonne humeur 77
Au cours du processus de rangement, les emplacements où ranger demeurent temporaires 77
Rangez par matériau 80
Remplissez vos tiroirs en vous inspirant du bento japonais . 82
Les quatre principes du rangement 86
Pliez vos vêtements comme de l'origami 88
Tout ce que vous devez savoir sur la méthode de pliage KonMari 91
Organisez l'espace de rangement avec l'intention de vous débarrasser des meubles de rangement 95
Grâce à un rangement qui vise la perfection, un arc-en-ciel se tisse dans votre maison 98

Deuxième partie
L'ENCYCLOPÉDIE DU RANGEMENT

4. Ranger les vêtements 103
   Les hauts 103
   Comment plier les chemises 104
   Comment plier les caracos 106
   Comment plier les parkas et les pulls à col roulé 109
   Comment plier les hauts épais 111
   Comment plier les hauts ornés de passementerie 113
   Les bas 113
   Comment plier les pantalons et les shorts 114
   Les robes et les jupes 116
   Comment plier les vêtements avec de larges ourlets ... 116
   Les vêtements à suspendre 118
   Les chaussettes, les bas et les collants 120
   Comment plier les chaussettes 120
   Comment plier les bas 121
   Comment plier les collants épais 121
   Les sous-vêtements 121
   Comment plier les sous-vêtements 123
   Les couleurs claires devant, les couleurs foncées derrière 125
   Réservez un traitement royal à vos soutiens-gorge 126
   Une penderie qui inspire la joie 129
   Les sacs 137
   Les accessoires vestimentaires 137
   Les chaussures 144
   Astuces pour préparer votre valise 147

5. Ranger les livres 151
    Conseils à l'attention de tous ceux qui pensent ne pas pouvoir se séparer de leurs livres 151
    Les séries 154
    Les magazines et les beaux livres 155
    Ranger les livres avec goût 156

6. Ranger les papiers 159
    La règle de base pour les papiers : débarrassez-vous de tout 159
    Prévoyez une boîte pour les papiers en attente 160
    Les notes et documents scolaires 161
    Les relevés de cartes de crédit 162
    Les garanties 162
    Les manuels d'utilisation 164
    Les cartes de vœux 165
    Les coupures de presse 166
    Consacrez un moment précis à trier les documents en attente 167

7. Ranger les *komono* 169
    Les CD et les DVD 171
    Les fournitures de bureau 172
    Les komono électriques 176
    Les produits de beauté 180
    Les médicaments 189
    Les objets de valeur 190
    Le nécessaire de couture 194
    Les outils 195
    Les komono de loisir 195
    Les objets de collection 196

Les objets que vous avez gardés « sans raison apparente »... 198
Le linge de lit 199
Les serviettes de toilette 200
Les jouets en peluche 200
L'équipement de loisir... 204
Les objets utilisés saisonnièrement 205
Le kit de secours 205
Les vêtements de pluie 206
L'équipement de cuisine 206
Les komono qui égayent votre table............................... 225
La batterie de cuisine 229
Comment décorer votre cuisine..................................... 253
Les produits d'entretien 255
Les produits pour la lessive 256
Les komono de la salle de bains 256

8. Ranger les objets de valeur sentimentale................. 269
   Ranger les objets de valeur sentimentale revient à remettre de l'ordre dans votre passé.. 269
   Mettre de l'ordre dans les souvenirs d'école 271
   Mettre de l'ordre dans les souvenirs d'amours passés.......... 271
   Les enregistrements de valeur sentimentale 273
   Les créations de vos enfants... 273
   Ces petits souvenirs de votre vie..................................... 274
   Les lettres... 275
   L'étape finale de votre campagne : l'organisation de vos photos.. 275
   Rangez vos photos de famille en famille.......................... 276

Troisième partie
LA MAGIE QUI TRANSFORMERA VOTRE VIE

9. Un espace de vie qui inspire la joie 285
   Un vestibule d'entrée qui inspire la joie 285
   Un salon qui inspire la joie 288
   Une cuisine qui inspire la joie 289
   Un bureau qui inspire la joie 289
   Une chambre qui inspire la joie 292
   Une salle de bains qui inspire la joie 292

10. Les changements consécutifs au rangement 295
    Rangez et remettez de l'ordre dans votre vie amoureuse 299
    Ranger permet de faire le point sur nos relations aux autres 302
    Si les affaires de votre famille vous embêtent, inspirez-vous du soleil 304
    Ne contraignez personne à ranger contre son gré 308
    Apprenez comment plier à vos enfants 312
    Même si vous échouez, ne vous inquiétez pas... votre maison ne risque pas d'exploser ! 313
    Les objets qui suscitent la joie s'imprègnent de précieux souvenirs 318

Épilogue 323
Le mot de la fin : se préparer pour la prochaine étape de sa vie 327
Remerciements 333
Au sujet de l'auteure 335
Index 337

Préface

La vie ne commence vraiment que lorsqu'on a remis de l'ordre chez soi. C'est pourquoi j'ai consacré une grande partie de ma vie à étudier l'art du rangement. Je souhaite aider autant de personnes que possible à remettre de l'ordre chez elles une bonne fois pour toutes.

Cela ne signifie pas pour autant que vous devriez simplement jeter tout et n'importe quoi, loin de là ! Votre mode de vie idéal ne se concrétisera que lorsque vous saurez comment choisir les objets qui vous procurent de la joie.

Si vous êtes particulièrement sûr qu'un objet vous inspire ce sentiment, gardez-le, sans vous préoccuper de ce qu'en dira votre entourage. Même s'il n'est pas parfait, ou peu importe combien il peut sembler ordinaire, en l'utilisant avec soin et respect, sa valeur en sera inestimable. Plus vous sélectionnerez ce qui vous entoure en fonction de ce qui vous apporte de la joie, plus réceptif vous serez au bonheur, ce qui vous incitera à ranger toujours davantage votre foyer et vous permettra par ailleurs de perfectionner votre capacité à prendre des décisions dans d'autres domaines. Prendre grand soin de ses possessions, c'est prendre grand soin de soi.

Qu'est-ce qui vous procure de la joie ? Et qu'est-ce qui ne vous en procure pas ?

Les réponses à ces questions vous fourniront d'importants indices pour apprendre à vous connaître en tant que personne ayant reçu le cadeau de la vie. La perspective nouvelle qui découlera de ces interrogations sera également à l'origine d'une force motrice qui illuminera votre style de vie, et même votre existence.

Certaines personnes racontent n'avoir presque plus rien après s'être débarrassées des objets qui ne leur procurent aucune joie. Au début, elles se sentent désemparées. Ce type de réaction est relativement fréquent quand on a terminé de remettre en ordre ses vêtements. Si cela vous arrive, ne vous découragez pas. L'important, c'est que vous l'ayez remarqué. La véritable tragédie serait de vivre entouré d'objets qui ne vous apportent pas de joie sans même vous en rendre compte. Dès l'instant où vous aurez fini de ranger, vous pourrez accueillir chez vous, ainsi que dans votre vie, une nouvelle énergie.

Seules deux compétences vous seront nécessaires pour réussir à remettre de l'ordre chez vous : savoir conserver ce qui vous procure de la joie tout en jetant le reste, et parvenir à décider où ranger chaque objet que vous aurez gardé, sans jamais oublier de le remettre à sa place.

L'important quand on fait du rangement, ce n'est pas tant de savoir quoi jeter, mais plutôt quoi garder. J'espère de tout cœur que la magie du rangement vous mènera vers un avenir aussi heureux que radieux.

Introduction : la méthode KonMari

« KonMari, existe-t-il un manuel illustré qui présente vos méthodes de rangement comme vous les expliquez dans vos cours ? »

Cette question m'a été posée un nombre incalculable de fois. Ma réponse est toujours la même : « Vous n'en avez pas besoin car le succès dépend à 90 % de votre état d'esprit. » Quel que soit le volume de connaissances que vous acquerrez, si vous ne changez pas votre façon de penser, un effet rebond[1] sera inévitable. En tant que consultante en rangement, ce que j'essaie de transmettre n'est pas seulement une méthode pour apprendre à ranger, mais plutôt une approche qui vous donnera les clés pour remettre de l'ordre chez vous. Et je pense qu'un traitement de choc est nécessaire pour y parvenir.

Mais il est normal de vouloir davantage d'instructions détaillées lorsque l'on s'est décidé à ranger. Par conséquent, pour celles et ceux engagés dans ce travail, quoi de plus utile qu'un manuel illustré ? Cependant, pour ceux qui ne se sont pas encore décidés à se mettre à la tâche, ce genre de livre

---
1. Dans ce contexte, l'effet rebond correspond à une rechute dans le désordre, à un échec dans le rangement. (Toutes les notes sont du traducteur.)

pourrait se révéler être un mauvais outil. Pour eux, ce manuel illustré équivaudrait à un livre contenant des connaissances interdites.

Permettez-moi de vous demander sans détour : êtes-vous prêt à vous engager et à aller jusqu'au bout de cette expérience exceptionnelle que représente le rangement ? Si c'est le cas, alors je vous prie d'aller de l'avant et de lire ce livre. Même si vous avez déjà terminé votre campagne de rangement, les astuces présentes dans ce livre vous permettront d'apprécier un chez-vous qui vous inspirera de la joie. Si toutefois, vous avez répondu par la négative, commencez par lire mon premier livre, *La Magie du rangement* (First, 2015). Si vous l'avez lu mais que vous ne vous êtes toujours pas décidé à vous lancer, je vous invite à le relire, car une chose sans doute infime a dû vous retenir jusqu'ici de remettre de l'ordre chez vous.

Ce manuel illustré, un recueil complet du savoir-faire que représente la méthode KonMari, devrait être particulièrement utile pour les personnes qui se sont engagées à ranger une bonne fois pour toutes ; il s'apparente à une main qui vous gratte le dos à l'endroit précis où vous ressentez une démangeaison, et j'espère que vous le lirez du début à la fin. Pour ceux d'entre vous qui ont commencé à remettre de l'ordre sans aller jusqu'au bout mais qui souhaiteraient de plus amples informations, ce manuel servira d'« encyclopédie du rangement ». N'hésitez pas à passer directement à la partie qui vous intéresse plus particulièrement dès que vous souhaiterez vous assurer de la manière d'effectuer certaines tâches. Dans cet ouvrage, je réponds également aux nombreuses questions que j'ai reçues des lecteurs du premier volume. Et pour ceux d'entre vous qui préféreraient ne pas s'attarder sur mes histoires personnelles et qui sont impatients de passer aux choses sérieuses, ce livre seul devrait amplement suffire pour commencer à remettre de l'ordre.

Maintenant, êtes-vous prêt ? N'oubliez pas que le « dieu du rangement » est toujours à vos côtés, à condition que vous vous impliquiez suffisamment pour mener à bien la tâche qui vous attend.

Les six règles de base du rangement

Le processus de rangement que vous vous apprêtez à mettre en œuvre ne consiste pas à simplement désencombrer votre intérieur, ni à lui donner en un tournemain l'apparence d'être absolument en ordre avant l'arrivée imminente de visiteurs, non. Le but est plutôt de ranger de telle sorte que la joie se manifestera dans votre vie, tout en la changeant à tout jamais.

En appliquant la méthode KonMari, vous ne manquerez pas de remarquer plusieurs changements. Tout d'abord, quand vous aurez terminé de faire du rangement, vous ne replongerez plus jamais dans le désordre. Vous aurez par ailleurs clairement identifié vos valeurs et ce que vous voulez. Vous saurez comment prendre soin de vos possessions et, jour après jour, vous éprouverez un sentiment de contentement. La clé du succès, c'est de tout ranger rapidement et en une seule fois.

Quand vous aurez ressenti l'atmosphère de votre intérieur rangé de fond en comble, dans le vrai sens du terme, vous ne voudrez jamais plus revoir le désordre s'y installer, et l'intensité de ce sentiment sera si puissante que cela devrait vous inciter à veiller à ce que votre foyer reste impeccablement rangé.

1. Engagez-vous.

La méthode KonMari vous paraîtra peut-être compliquée. Elle demande en effet du temps et des efforts. Cependant, si vous avez choisi ce livre, c'est que vous avez l'intention de tenter de procéder sérieusement au rangement. Alors, je vous prie de poursuivre votre lecture. N'oubliez pas de croire en vous. Lorsque vous vous serez décidé, tout ce qu'il vous restera à faire sera de mettre en pratique la méthode appropriée.

2. Visualisez votre mode de vie idéal.

Pensez au style d'intérieur où vous aimeriez habiter et à la façon dont vous pourriez y vivre. En d'autres termes, définissez votre mode de vie idéal. Si vous aimez dessiner, faites-en une esquisse. Si vous préférez écrire, décrivez-le dans un cahier. Vous pouvez aussi découper dans des magazines des photos qui vous inspirent.

Vous préféreriez commencer à ranger tout de suite, n'est-ce pas ? C'est précisément la raison pour laquelle, après avoir fait du rangement, tant de personnes font l'expérience d'un effet rebond. En imaginant votre mode de vie idéal, vous mettez au clair la raison pour laquelle vous voulez trier et vous identifiez le genre de vie que vous voulez lorsque vous aurez terminé. Le processus de rangement représente ainsi un tournant de taille dans votre vie. De ce fait, réfléchissez sérieusement au mode de vie auquel vous aspirez.

3. Commencez par vous débarrasser.

L'une des caractéristiques des personnes qui paraissent ne jamais finir de ranger, c'est qu'elles essaient de tout entreposer sans se débarrasser de quoi que ce soit. Lorsque l'on met de l'ordre dans ses affaires, la maison donne l'impression d'être parfaitement rangée, mais si les meubles sont remplis d'objets inutiles, il sera impossible qu'ils restent ordonnés, ce qui entraînera inévitablement un effet rebond.

La clé du succès est de jeter. Vous ne pourrez prévoir où ranger vos affaires, ni dans quels meubles, qu'après avoir décidé ce que vous voulez garder ou jeter, car ce n'est qu'à ce moment-là que vous aurez une idée précise de la quantité d'objets ayant sa place chez vous.

Réfléchir à l'endroit où les ranger ou vous inquiéter de savoir si vous réussirez à trouver de la place pour tout n'aura comme résultat que de vous détourner de votre tâche et de vous empêcher de terminer. Le but : vous débarrasser. Pour éviter de faire face à la déception, considérez plutôt comme temporaire toute solution de rangement utilisée pendant votre phase de triage, et focalisez toute votre attention sur les objets de la prochaine catégorie à passer en revue. Voilà le secret pour effectuer le travail rapidement.

4. Triez par catégorie, et non par emplacement.

Bien que cela soit assez inefficace, beaucoup d'entre nous faisons l'erreur de ranger une pièce après l'autre. Si l'on pense avoir rangé, en réalité, on a seulement changé les choses de place, ou éparpillé dans toute la maison certains objets de la même catégorie. Il devient ainsi quasi impossible de se faire une idée précise du volume effectif des objets en sa possession.

L'approche qui convient est la suivante : ranger vos objets par catégorie (ranger d'un coup tous les objets appartenant à la même catégorie). Par exemple, si vous en êtes aux vêtements, la première étape consistera à rassembler au même endroit de la maison toutes les pièces faisant partie de cette catégorie. Cela vous permettra de constater objectivement et précisément ce que vous avez. Si vous vous retrouvez face à une énorme pile de vêtements, vous ne pourrez que vous rendre à l'évidence : vous avez vraiment traité vos possessions à la légère. Dès le départ, il est important de vous faire une idée précise du volume effectif de chaque catégorie.

5. Suivez le bon ordre.

Il est essentiel de trier vos affaires par catégorie, mais aussi de procéder dans l'ordre qui suit : vêtements, livres, papiers, *komono* (objets divers) et, pour finir, les objets de valeur sentimentale.

En faisant du rangement, vous êtes sans doute déjà tombé sur de vieilles photos que vous avez contemplées durant des

Ranger dans le bon ordre

Vêtements

↙

Livres

↘

Papiers

↙

Komono
(objets divers)

↘

Objets de valeur
sentimentale

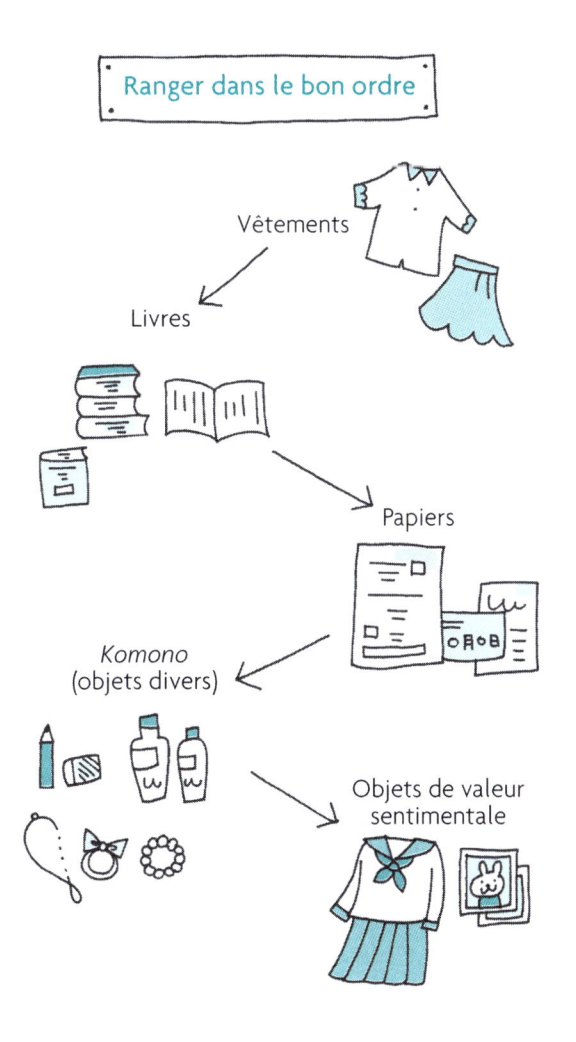

heures sans même vous en rendre compte. Eh bien, vous êtes loin d'être la seule personne à avoir fait ce genre de « bêtise ». C'est une des raisons qui ont donné naissance à ma suggestion de ranger dans l'ordre, une méthode spécifiquement conçue pour que vous vous exerciez. Les vêtements constituent une catégorie idéale pour la mettre en pratique, et ce n'est que lorsque vous aurez perfectionné votre capacité à distinguer ce qui vous procure de la joie que vous pourrez aborder les photos et autres objets de valeur sentimentale.

6. Demandez-vous si cet objet vous procure de la joie.

Pour trier les objets que vous souhaitez garder et ceux que vous jetterez, la technique est simple : sachez ce qui vous procure de la joie. Afin de prendre la bonne décision, il est important de toucher l'objet en question, c'est-à-dire de le tenir fermement entre vos mains comme si vous communiiez avec lui. Soyez très attentif à la manière dont votre corps réagit lorsque vous procédez ainsi. Quand un objet vous procure un sentiment de joie, vous devriez ressentir un frisson d'excitation, comme si toutes les cellules de votre corps pétillaient doucement. Cependant, lorsque vous tenez dans vos mains un objet qui ne vous procure aucune joie, vous remarquerez que votre corps vous paraît pesant.

Gardez à l'esprit que le but n'est pas de choisir ce que vous jetterez mais au contraire de sélectionner les objets que vous garderez chez vous. Ne conservez que ceux qui vous procurent de la joie. Et quand vous serez prêt à vous débarrasser de tous les autres, n'oubliez pas de les remercier avant de leur dire au revoir. En vous séparant de ces choses qui ont fait partie de votre vie en leur témoignant votre gratitude, vous favoriserez votre appréciation des objets de votre quotidien, ce qui vous incitera par ailleurs à mieux en prendre soin.

Planifier le rangement avant le déménagement

Quand on me demande s'il vaut mieux trier les choses avant ou après avoir déménagé, je réponds invariablement : « Avant ! » Si vous n'avez pas encore trouvé votre nouvelle maison, alors commencez sans tarder à faire le tri. Pourquoi ? Parce que c'est la maison où vous vivez actuellement qui vous mènera à la suivante.

J'ai parfois le sentiment que toutes les maisons sont connectées en une sorte de réseau. Comme si, après qu'on a pris soin de mettre de l'ordre dans sa maison, celle-ci transmettait aux autres sa satisfaction, en attirant ainsi une autre à se présenter à vous. C'est du moins ma vision des choses.

De nombreux clients m'ont dit qu'après avoir fait du rangement, ils ont trouvé la maison de leurs rêves. Les histoires relatant la façon dont elle s'est présentée à eux sont plutôt surprenantes. Alors, si vous voulez plus tard une belle maison faite pour vous, prenez grand soin de celle où vous vivez actuellement.

Première partie

LES ASTUCES D'EXPERTE DE KONMARI

1

Affinez votre sensibilité à la joie

Ranger est une façon de se confronter à soi-même ; nettoyer est un moyen de se confronter à la nature

« Cette fois-ci, je vais le faire ! Je me lance dans un marathon du rangement de fin d'année ! »

Au Japon, avec la fin de l'année vient traditionnellement le moment de nettoyer toute la maison en préparation pour la nouvelle (ce qui s'apparente au « nettoyage de printemps » dans d'autres pays). Chaque année, en décembre, les émissions télévisées et les magazines présentent des astuces de nettoyage et des produits d'entretien, entre autres, et on peut les trouver bien en évidence dans les magasins. Les gens se jettent à corps perdu dans cette frénésie de nettoyage de fin d'année comme s'il s'agissait d'un événement national, au point qu'il m'est parfois arrivé de penser que cela devait être programmé dans l'ADN des Japonais.

À cette période, il est toutefois surprenant d'entendre bon nombre de personnes dire : « J'ai pourtant tout rangé en fin d'année, mais sans parvenir à terminer avant le nouvel an. » Quand je leur demande ce qu'ils ont fait, exactement, les gens m'expliquent presque tous avoir rangé tout en faisant le ménage. En d'autres termes, ils ont jeté toutes les choses inutiles qui se sont retrouvées par hasard sous leurs yeux, ils ont lavé le sol et les murs qui émergeaient de derrière des piles d'objets, ils ont fait don de cartons bourrés de livres, et ont dépoussiéré les étagères que ces derniers occupaient…

Je vais être très claire : en suivant cette approche, vous passerez le restant de votre vie à faire du rangement. Rien d'étonnant à ce qu'un tel « nettoyage de fin d'année » ne demeure qu'à moitié fait. Pour être tout à fait honnête, pendant de nombreuses années, ma famille et moi-même avons appliqué cette même méthode, et jamais nous ne sommes parvenus, ne serait-ce qu'une fois, à obtenir une maison impeccable avant la nouvelle année.

Les mots « ranger » et « nettoyer » sont souvent considérés comme se rapportant à un seul et même procédé, alors qu'il s'agit en réalité de deux activités complètement différentes. Si vous n'êtes pas prêt à accepter cette vérité, votre maison ne sera jamais vraiment en ordre. Tout d'abord, le centre d'attention de chacune de ces deux activités est différent. Quand le rangement s'intéresse à la place occupée par les objets, le nettoyage se concentre, lui, sur la propreté du lieu dans lequel ils sont entreposés. Les deux ont pour objectif de remettre en ordre une pièce, cependant, « ranger » signifie remettre les choses à leur place, alors que « nettoyer » signifie essuyer, laver et balayer.

Dans une maison ou un appartement, le responsable du désordre et de l'encombrement est toujours à 100 % l'être humain qui l'habite. Les objets ne se multiplient pas tout seuls, on les accumule uniquement en les achetant ou en les recevant comme cadeaux. Le désordre se développe quand on ne parvient pas à remettre les choses à leur place. Si une pièce se retrouve en désordre « avant même que vous vous en rendiez compte », c'est votre faute. En d'autres termes, **ranger est une confrontation à soi-même.**

En revanche, la poussière, elle, s'accumule toute seule. C'est la nature. Par conséquent, **nettoyer est une confrontation à la nature.** Le ménage doit être fait régulièrement pour éliminer la saleté qui s'accumule naturellement. C'est précisément pourquoi, au Japon, on n'appelle pas l'événement de fin d'année une frénésie de « rangement », mais plutôt de « nettoyage ». Si on veut réussir à nettoyer avant le nouvel an, le secret, c'est de terminer au préalable son marathon du rangement.

Dans mon livre précédent, je fais allusion à ce « marathon du rangement » en expliquant qu'il faut terminer de se débarrasser avant de décider où ranger tout ce qu'on a choisi de garder. Vous n'aurez à le faire qu'une fois. En vous décidant sérieusement et en vous mettant simplement au travail, vous pourrez vraiment vous concentrer sur le nettoyage de fin d'année. La plupart du temps, les personnes qui s'estiment peu douées pour le ménage ignorent en fait comment s'y prendre pour ranger. Ceux de mes clients qui ont terminé de tout remettre en ordre me disent souvent que, dorénavant, le nettoyage ne leur demande pas beaucoup de temps. En fait, ils apprécient de s'y consacrer, alors qu'auparavant, ils avaient le sentiment d'être absolument incompétents.

Nettoyer le temple, contrairement à ranger le temple, fait partie de la formation des bouddhistes. En nettoyant, nous pouvons nous vider la tête pendant que nos mains s'activent, alors que ranger nous demande de la réflexion – quels objets dois-je jeter, lesquels garder ? et à quel endroit dois-je les placer ? Cela équivaut à dire que **le rangement met de l'ordre dans l'esprit, tandis que le nettoyage le purifie**. Si vous voulez nettoyer votre maison pour la nouvelle année, commencez par un marathon du rangement. Malgré tous vos efforts, votre maison ne sera jamais vraiment propre si vous ne décidez pas en premier lieu de la ranger.

Si vous ignorez ce qui vous procure de la joie, commencez par ce qui vous tient à cœur

« Je ressens… euh… de la joie… Je, euh… crois que je ressens… de la joie… J'éprouve… un sentiment entre la joie et… l'absence de joie. »

Lors de son premier cours, ma cliente est assise, immobile, face à une montagne de vêtements. Elle serre fort dans sa main un tee-shirt blanc et un sac-poubelle est posé à proximité, prêt à l'emploi. Elle remet le tee-shirt sur la pile et prend le cardigan gris à côté. Après l'avoir regardé fixement dix secondes, elle lève lentement les yeux. « Je ne sais pas ce qu'est un sentiment de joie », finit-elle par dire.

Comme vous l'avez appris, la clé du succès de ma méthode, c'est de ne garder que les objets qui vous procurent un sentiment de joie et de vous débarrasser des autres. **Éprouvez-vous soudain de la joie quand vous le touchez ?** Si ce critère est facile à comprendre pour certaines personnes, bon nombre se demandent ce que cela signifie, et mes clients ne font pas exception. Quand cela se produit, je leur propose cet exercice :

« Choisissez dans cette pile les trois objets qui vous procurent le plus de joie. Vous avez trois minutes. »

Dans le cas cité plus haut, ma cliente a dû prendre le temps de la réflexion. « Les trois objets… », a-t-elle murmuré d'une voix hésitante. Puis elle a fouillé dans la pile et en a sorti cinq articles qu'elle a alignés face à elle. Après les avoir réorganisés à plusieurs reprises, elle en a remis deux sur la pile, et juste avant d'arriver au terme du temps imparti, elle a annoncé d'un ton résolu : « Voilà les trois objets qui me procurent le plus de joie, le premier à droite et le troisième à gauche ! » Devant elle étaient posés une robe blanche imprimée de fleurs vertes, un pull en mohair beige et une jupe fleurie bleue.

« C'est ça ! lui ai-je dit. C'est ça, la joie ! »

Je ne plaisantais pas. **Le meilleur moyen d'identifier ce qui vous procure ou non de la joie, c'est de comparer.** Au début, à moins que vous n'ayez des sentiments très tranchés, il est difficile de savoir si un objet vous procure de la joie rien qu'en le regardant, lui seul, exclusivement. Cependant, en le comparant à d'autres, vos sentiments se précisent.

C'est la raison pour laquelle il est si important de ne trier qu'une catégorie à la fois, en commençant par les vêtements.

Vous pourrez également appliquer à d'autres catégories cette méthode d'évaluation des « trois ». Si vous n'arrivez pas à vous décider quant à vos livres ou accessoires de loisir préférés, faites un essai. En ne vous concentrant que sur une seule catégorie, vous découvrirez que vous pouvez repérer les trois éléments qui vous plaisent le plus, mais que vous serez aussi capable de tout évaluer clairement. Bien sûr, estimer chaque objet un par un demande beaucoup de temps, mais quand vous aurez choisi les dix ou les vingt premiers, vous constaterez que tout ce qui se situe en dessous d'une certaine zone ne vous est plus d'aucune utilité. Découvrir ce qui vous procure de la joie se révélera être un processus fascinant.

Permettez-moi de vous donner une autre astuce pour identifier ce qui vous procure un tel sentiment quand vous débuterez le tri de vos vêtements : commencez par ceux que vous portez près de votre cœur. Vous savez pourquoi ? Parce que c'est là que vous ressentez la joie – dans votre cœur, et non dans votre tête. Plus vos vêtements seront proches de votre cœur, plus il sera facile pour vous de les sélectionner. Par exemple, ce sera plus facile avec les pantalons ou les jupes qu'avec les chaussettes ; les hauts, comme les chemises et les corsages, sont plus faciles à choisir, comparés aux pantalons ou aux jupes. En théorie, les sous-vêtements, comme les soutiens-gorge et les caracos, sont portés plus près du cœur, mais la plupart des gens n'en ont pas assez pour pouvoir faire une comparaison pertinente. De ce fait, en règle générale, je recommande de commencer par trier les hauts.

Si vous n'êtes pas sûr de votre choix quant à un vêtement particulier, ne vous contentez pas de le toucher, prenez-le dans vos bras. Quand vous le serrerez contre vous, la différence de réaction physique pourra vous aider à savoir s'il vous procure un sentiment de joie ou non. Essayez de toucher, d'étreindre et de regarder attentivement tous les vêtements pour lesquels vous n'arrivez pas à vous décider. En dernier recours, vous pouvez même les essayer. S'il y en a beaucoup que vous souhaitez essayer, il sera plus efficace de les mettre dans une pile à part, puis de les enfiler tous dans la foulée quand vous aurez terminé de trier les autres.

Au début, il est parfois difficile de reconnaître ce qui suscite un sentiment de joie. Il a fallu quinze minutes à l'une de mes clientes pour évaluer le premier vêtement qu'elle avait choisi. Même si vous avez l'impression que cela vous demande beaucoup de temps, ne vous inquiétez surtout pas. Plus on a l'habitude de fonctionner ainsi, plus rapide on est, c'est une simple question d'expérience. Si vous prenez le temps nécessaire dès le départ pour explorer le sentiment de joie que vous éprouvez, vous ne tarderez pas à prendre plus rapidement vos décisions. Alors, n'abandonnez pas. Si vous essayez sans relâche, vous ne tarderez pas vous aussi à atteindre cette étape.

Se dire que « cela pourrait servir plus tard » est défendu

Voici l'une des questions les plus fréquentes que me posent mes clients : « Que dois-je faire des choses dont j'ai besoin mais qui ne me procurent pas de joie ? » Nombreux sont ceux qui se sentent perplexes à l'idée de décider quoi faire des vêtements essentiellement pratiques, comme les sous-vêtements longs d'hiver qui ne sont portés que les jours les plus froids de l'année. Il en est de même quand ils essaient de trier des outils, comme des paires de ciseaux ou des tournevis.

« Celui-là ne m'emballe pas vraiment, mais j'en ai besoin, pas vrai ? » Il s'agit toujours du même refrain, auquel je réponds invariablement : **Si ça ne vous procure vraiment pas de joie, n'hésitez pas, débarrassez-vous-en !** Si, à ce stade, mon client me répond : « Hum… pourquoi pas ? », alors tant mieux. Mais, le plus souvent, ils protestent : « Non, attendez, j'en ai besoin ! », ou bien : « Mais je m'en sers de temps en temps ! » Si c'est le cas, je les encourage à le garder sans se poser de questions.

Bien que cette réponse puisse vous sembler irresponsable, en réalité, elle est fondée sur de nombreuses années d'expérience. J'ai commencé à étudier sérieusement l'art du rangement au collège. Après avoir traversé une phase où je me débarrassais systématiquement de tout, j'ai découvert qu'il était important de ne garder que les objets qui m'inspiraient de la joie, une approche que j'ai toujours mise en pratique depuis. J'ai dit adieu, du moins temporairement, à d'innombrables objets qui ne me procuraient plus du tout de joie et, à vrai dire, l'absence d'un objet dont je m'étais débarrassée ne s'est jamais révélée catastrophique. Il y avait toujours quelque chose d'autre dans la maison pour le remplacer.

Par exemple, un jour, j'ai jeté un vase ébréché, avant de me rendre compte le lendemain qu'il me manquait. J'ai alors fabriqué un objet pour le remplacer en recouvrant une bouteille en plastique d'un morceau de tissu qui me plaisait beaucoup. Après avoir jeté un marteau au manche usé, j'ai enfoncé les clous avec ma poêle à frire. Depuis que je me suis débarrassée de mes enceintes stéréo, dont les angles étaient pointus et qui ne me plaisaient simplement plus, je les ai remplacées par mon casque audio.

Évidemment, si j'ai vraiment besoin de quelque chose dont je me suis débarrassée, je le rachète, mais après avoir autant progressé, je ne peux tout simplement plus me résoudre à acheter quoi que ce soit pour uniquement avoir le loisir de m'en contenter. Au lieu de cela, je m'intéresse de très près au design, à la sensation que j'éprouve, à l'aspect pratique et à tous les autres facteurs qui me semblent importants, jusqu'à ce que je trouve l'objet qui me plaise vraiment. Cela signifie que celui que j'aurai choisi sera le meilleur, un objet que je chérirai toute ma vie.

Ranger va bien au-delà du fait de déterminer ce qui reste dans la maison et ce qui part à la poubelle. Il s'agit plutôt d'une occasion en or d'apprendre à réévaluer et faire évoluer dans le bon sens la relation que vous entretenez avec vos possessions, et un bon moyen de vous créer le mode de vie qui vous procurera du bonheur. Cela ne rend-il pas le rangement plus amusant ?

Peut-être trouverez-vous cette méthode drastique, mais je vous assure que le meilleur moyen de vous entourer uniquement de choses qui vous apportent de la joie au quotidien, c'est de ne pas s'accrocher et de dire adieu à ce qui ne vous rend plus heureux.

« Cela pourrait servir plus tard. » Croyez-moi, ce n'est jamais le cas. Vous finirez toujours par vous en passer. À tous ceux qui se sont engagés dans un marathon du rangement : ce genre de propos est défendu.

Pour les objets essentiels qui ne vous rendent pas heureux, pensez à leur utilité

Comme je l'ai expliqué, j'ai remplacé par une bouteille en plastique un vase que j'avais jeté. Cet objet était léger, incassable et ne nécessitait aucun espace de rangement. En plus, je pouvais le recycler le moment venu, ou le couper à la dimension nécessaire et m'amuser avec différentes idées de décoration en changeant le tissu utilisé pour le recouvrir. Bien que j'aie acheté depuis un vase en verre qui me plaît beaucoup, je me sers toujours des bouteilles quand j'ai trop de fleurs.

Mon casque audio que j'utilisais en guise d'enceintes s'est également avéré être une solution brillamment adaptée à mon mode de vie simple. J'augmentais suffisamment le volume pour pouvoir entendre sans avoir à le porter. Les passionnés de musique en frémiront sans doute d'effroi, mais quant à moi, le volume et la qualité du son se sont révélés plus qu'adéquats vu la dimension de ma chambre, et j'en étais relativement satisfaite. Je ne compte pas tous les moments agréables que j'ai passés à ne rien faire d'autre que de me débarrasser d'objets.

Ceci dit, je dois reconnaître qu'il y eut quelques exceptions. Prenons mon aspirateur, par exemple. Je m'en étais débarrassée parce que le modèle était démodé et, de ce fait, je me suis mise à essuyer diligemment le sol avec de l'essuie-tout et des chiffons. Mais, au final, cela me demandait simplement trop de temps, et je dus acheter un nouvel aspirateur.

Puis il y eut mon tournevis. Après l'avoir jeté, j'ai essayé de resserrer une vis un peu lâche avec une règle, qui s'est brisée en deux, au milieu. J'en aurais presque pleuré, car c'était une règle que j'aimais beaucoup.

Tous ces incidents sont dus à l'inexpérience et à l'inconséquence propres à la jeunesse. Ils m'ont démontré que je n'avais pas encore perfectionné ma capacité à discerner ce qui me procurait de la joie. Déçue par leur banalité, je ne m'étais même pas rendu compte qu'en fait, je les aimais. Je pensais à l'époque que, si quelque chose me procurait de la joie, un frisson d'excitation ferait battre mon cœur plus vite à son contact. À présent, je vois les choses différemment.

La fascination, l'enthousiasme ou l'attirance ne sont pas les seuls signes indicateurs de joie. **Un design simple avec lequel vous vous sentez à l'aise, une fonctionnalité qui vous simplifie la vie, un sentiment de justesse ou la reconnaissance que l'un de vos objets vous est utile au quotidien – tout ceci, également, indique la joie.**

Si un objet ne vous procure clairement plus de joie, il est évident qu'il sera inutile d'hésiter bien longtemps avant de vous en débarrasser. À l'inverse, si vous avez du mal à vous décider pour un objet, cela peut être dû à trois choses : l'objet en question vous a procuré de la joie par le passé mais a maintenant rempli sa mission ; il vous apporte toujours de la joie, mais vous n'en avez pas conscience ; ou vous devez le garder, qu'il suscite ou non en vous un sentiment de joie. Sont inclus dans cette troisième catégorie les contrats, les tenues habillées ou de deuil, les accessoires divers pour les mariages, les enterrements et autres occasions particulières, et les objets qui, si on s'en débarrasse sans autorisation, pourraient être à l'origine d'une réaction hostile de la part d'autres personnes, comme les membres de la famille.

J'ai un secret pour intensifier votre joie envers les objets que vous savez nécessaires mais qui ne vous enthousiasment pas plus que ça : couvrez-les d'éloges. Faites-leur savoir que, malgré votre manque de joie, vous en avez vraiment besoin.

Leur parler pourrait ressembler à cela :

« Hey ! Regarde-toi, joli fond de robe. Tu es le plus beau ! D'un noir de jais et aussi doux que le satin, tu vas super bien avec la ligne de ma robe sans jamais lui voler la vedette. Quelle grâce et quelle élégance ! Félicitations ! »

Ou que pensez-vous de ceci ?

« Mon bon vieux tournevis, je ne t'utilise peut-être pas souvent, mais quand j'ai besoin de toi, eh bien, tu es génial. Grâce à toi, j'ai monté cette étagère en un rien de temps. Tu m'as aussi aidé à épargner mes ongles. Je les aurais vraiment abîmés en m'en servant pour serrer les vis. Et quel design !

Solide, robuste et agréable au toucher, avec un look moderne qui te différencie des autres ! »

Cela peut sembler pathétique sur le papier, mais cet exercice est beaucoup plus amusant si vous exagérez un peu. Ce que je veux dire, c'est que les objets qui nous sont utiles contribuent à apporter davantage de bonheur dans notre vie. **Par conséquent, nous devrions les traiter comme tout ce qui nous procure de la joie.** En procédant ainsi, nous apprenons à considérer ces choses essentiellement utilitaires comme des objets qui nous procurent de la joie.

Lors de mes consultations, j'aide régulièrement mes clients à prendre le temps d'apprécier chaque chose qu'ils utilisent. C'est un très bon moyen d'améliorer sa capacité à évaluer ce que l'on ressent face à un objet. Lorsqu'ils abordent certains d'entre eux, comme les ustensiles de cuisine, ils parviennent à annoncer avec une certaine assurance qu'une poêle à frire sans intérêt particulier ou un vieux fouet à œufs tout simple leur inspire de la joie. Le contraire peut aussi se vérifier. D'autres ont découvert qu'aucune de leurs tenues pour aller travailler ne leur procurait de joie. En réfléchissant, ils ont pris conscience qu'en réalité, c'était leur travail qui ne les enthousiasmait pas. **Par conséquent, si certains objets nous inspirent de la joie malgré une mauvaise première impression, il arrive parfois que l'absence de sentiment agréable corresponde à l'expression de notre voix intérieure.** Cela révèle la profondeur de notre relation avec ce que nous possédons.

Le rangement nous permet d'affiner notre sensibilité à ce qui nous donne de la joie, et cela nous aide à bien mieux nous connaître. Voilà l'objectif ultime du rangement.

Gardez le cosplay pour vous[1]

« Cette robe me rend heureuse, mais je sais que je ne la porterai plus jamais. J'en déduis que je ferais aussi bien de m'en débarrasser, n'est-ce pas ? » me demande une cliente, hésitante.

Ayant suivi des yeux la direction qu'elle m'indiquait, je vis une robe d'un bleu vif à galons dorés couverte de fleurs, aux manches bouffantes aux épaules, et à la jupe ornée de cinq rangs de ruches. Elle avait raison, c'était trop tapageur pour la porter régulièrement. Elle m'expliqua qu'elle l'avait mise pour des représentations quand elle prenait des cours de danse. Même si elle s'y remettait un jour, elle me dit qu'elle n'aurait plus aucune occasion de la porter, parce qu'elle voudrait une nouvelle robe pour se produire en spectacle.

« Je ressens toujours un frisson d'excitation quand je la regarde, mais je devrais probablement m'en séparer, tout simplement », me dit-elle. À contrecœur, elle s'apprêtait à prendre un sac-poubelle.

« Attendez ! m'exclamai-je. Pourquoi ne pas la garder pour la porter chez vous ? »

Elle me regarda, l'air surpris, puis son visage se fit plus sérieux. « Ce ne serait pas un peu bizarre ? » Voilà une question des plus sensées.

« Mais elle vous rend joyeuse, n'est-ce pas ? » insistai-je.

Elle y réfléchit en silence quelques secondes, avant de répondre : « Laissez-moi l'essayer pour voir. En fait, je vais la

---

1. *Cosplay* : loisir consistant à se costumer dans le but de ressembler à un personnage de fiction.

passer tout de suite ! » Elle ramassa la robe et se rendit dans la pièce d'à côté. Trois minutes plus tard, la porte s'ouvrit, et elle se présenta, complètement transformée sans son jean et son tee-shirt décontractés. Elle portait la robe bleue, mais elle avait aussi mis des boucles d'oreilles en or et une fleur jaune ornementale dans ses cheveux. Elle s'était même remaquillée. Cette fois, ce fut à mon tour d'être surprise. Sa transformation dépassait de loin toutes mes attentes. Alors que j'étais assise là, sans voix, elle se regardait en souriant dans le miroir.

« Ce n'est pas trop mal, n'est-ce pas ? Je crois que je vais la porter jusqu'à la fin de notre séance ! »

Bien qu'il s'agisse d'un exemple exceptionnel, un pourcentage incroyablement élevé de mes clients possèdent des vêtements qui font plutôt penser à des costumes. Pour n'en citer que quelques-uns, j'ai pu voir une robe chinoise, une tenue de femme de chambre, et un costume de danseuse orientale. Si les clientes les apprécient, s'en séparer sera pour elles difficile. Si, à la vue de ce genre de tenue, la joie vous envahit mais que vous ne pouvez pas vous faire à l'idée de les porter en public, il n'y a aucune raison pour que vous ne les portiez pas chez vous.

Même si vous éprouvez un certain embarras, je vous suggère tout du moins d'essayer. Si vous décidez, en vous regardant dans le miroir dans une certaine tenue, que vous avez l'air franchement ridicule, vous ne pourrez alors que vous rendre à l'évidence : il est temps de vous en séparer. Et si elle vous paraît bien plus attrayante que vous ne vous y attendiez, profitez-en pour ajouter un soupçon d'extraordinaire à votre vie ordinaire. Assurez-vous seulement de prévenir votre famille au préalable.

En portant et en vous entourant des choses que vous aimez, votre maison devient votre propre paradis privé. Ne jetez pas les objets qui vous procurent de la joie sous prétexte que vous ne les utilisez pas, vous risqueriez de faire fuir toute joie de votre foyer. Exprimez plutôt votre créativité en cherchant une utilisation à ces objets apparemment inutiles. Essayez de recouvrir la cloison d'un placard avec des photos de vos musiciens préférés pour personnaliser votre « coin dédié à la joie ». Ou couvrez l'avant d'un tiroir de rangement en plastique avec tout un tas de jolies cartes postales, cela vous permettra en plus d'en dissimuler le contenu. Trouver ainsi des idées pour utiliser ces choses que vous aimez rendra le rangement beaucoup plus amusant.

Ne confondez pas désordre temporaire et effet rebond

« Je suis tellement désolée, je n'ai pu y échapper… » Je me fige en lisant la première phrase de l'e-mail de ma cliente.

« Ça y est, me suis-je dit, ça a fini par arriver. »

Depuis que j'ai commencé à donner des cours privés au domicile de mes clients, j'ai réussi à maintenir un taux zéro d'effet rebond. Les gens s'esclaffent parfois en disant : « Vous plaisantez ! Zéro, ce n'est pas possible ! », ou « Vous avez truqué ces chiffres ? » Mais ce n'est que la vérité. Cela ne devrait pas être aussi surprenant. Toute personne ayant appris à ranger correctement devrait toujours s'en sortir.

« Oh mon Dieu ! me suis-je dit, dorénavant je vais devoir dire que ma méthode "avait" un taux zéro d'effet rebond. Mais tout d'abord, je ferais mieux de présenter mes excuses et de proposer un autre stage de formation. »

Ayant vérifié anxieusement qui était l'expéditeur, j'eus une autre surprise. Cet e-mail ne venait pas d'un « diplômé » du cours, mais d'une femme qui n'avait pas encore abordé les catégories des *komono*, ni des objets de valeur sentimentale. Son dernier cours était prévu à la fin du mois. Mais même arrivé à la moitié du programme, jamais personne ne m'avait auparavant signalé d'effet rebond. Quelque chose devait évidemment s'être produit. Je savais que cette femme en activité, mère de deux jeunes enfants, devait être extrêmement occupée, et que son mari, qui travaillait aussi à plein temps, n'avait pas vraiment le loisir de l'aider.

Lorsque je me suis rendu chez elle pour notre dernier cours, elle m'a à nouveau présenté ses excuses : « Je suis vraiment désolée. Je suis revenue au point de départ. » Les vêtements étaient en tas dans un coin du salon, des jouets étaient éparpillés dans la pièce des tatamis, et dans la cuisine la vaisselle était empilée sur le plan de travail. Autant dire qu'elle n'avait pas du tout la tête à suivre un cours.

« Et si on rangeait au moins les choses auxquelles vous avez attribué une place ? »

« Bonne idée ! Vous savez, j'ai quand même réussi à ranger un peu mon bureau », me dit-elle. Nous avons évoqué des banalités pendant qu'elle remettait tout en place. Elle a plié les vêtements et les a rangés dans leurs tiroirs dans l'armoire, avant de mettre les jouets dans une boîte en plastique, les peluches dans un panier en rotin, et dans le bac de recyclage les feuilles de papier avec lesquelles ses enfants s'étaient amusés. Les épices retournèrent sur leur présentoir dans la cuisine, et la vaisselle propre dans le buffet. En trente minutes, sa maison était à nouveau comme elle avait été lors de notre dernier cours, plus rien ne traînant sur la table ou au sol.

« Vous voyez, je peux tout nettoyer comme ça rien qu'en une demi-heure, me dit-elle. Mais quand je suis occupée, j'ai tendance à ne rien ranger. Ce genre d'effet rebond m'arrive deux ou trois fois par mois. »

En réalité, cela ne compte pas comme effet rebond. Il s'agit simplement d'un désordre temporaire quasi normal si l'on ne remet pas les choses à leur place après chaque utilisation. Il y a une différence certaine entre un effet rebond et le désordre. Quand on parle d'effet rebond, cela signifie que les objets sans emplacement attribué commencent à envahir une nouvelle fois votre espace de vie, même si vous aviez tout rangé une bonne fois pour toutes. Tant que tout a une place qui lui est propre, un peu de désordre ne dérange pas.

Même dans mon cas, quand je suis submergée par mon emploi, je me lève tôt le matin pour partir travailler et reviens à la maison tard le soir, épuisée. Avant même de m'en rendre compte, les vêtements et le linge sortant de la machine et attendant d'être pliés s'empilent. Mais je ne cède pas à la panique, car je sais que dès que j'en aurai le temps, je saurai comment remettre de l'ordre chez moi, rapidement et facilement. C'est un grand soulagement de savoir qu'il me suffit de trente minutes pour tout ranger.

N'allez jamais supposer que vous avez affaire à un effet rebond. Cette pensée seule pourrait vous démotiver et, en fait, en provoquer un pour de bon. Si vous vous retrouvez face à un peu de désordre pendant votre marathon du rangement, ne vous découragez pas. Chaque fois, si vous le pouvez, remettez les choses à la place que vous leur avez attribuée et continuez. (N'oubliez pas : les espaces de rangement ne seront définitivement établis que lorsque le marathon sera terminé, alors rangez les choses à la place que vous leur aurez provisoirement désignée.) Plus vous progresserez, moins il vous faudra de temps, de ce fait, nul besoin de vous inquiéter.

Le secret consiste à revenir à l'essentiel. Ce ne sera que lorsque chaque chose aura trouvé sa juste place que votre objectif sera totalement atteint. Ne le perdez pas de vue, et soyez sûr qu'après avoir atteint la ligne d'arrivée, vous ne rechuterez jamais.

Si vous avez envie de tout abandonner

Vous avez commencé votre marathon du rangement mais vous vous retrouvez finalement assis, hébété, au milieu de la pièce, avec l'impression que vous n'en finirez jamais ? Ne vous inquiétez pas. Presque tout le monde éprouve ce sentiment de découragement au début.

De temps à autre, l'un de mes clients ou de mes étudiants s'exclame : « KonMari, je crois que je vais laisser tomber. Je viens de commencer par mes vêtements, mais cela me prend tellement de temps ! » **L'anxiété émerge quand on est incapable de percevoir la situation dans son ensemble.** Si cela vous arrive, essayez de faire l'inventaire de vos espaces de rangement. Prenez un peu de recul et considérez-les objectivement. Dessinez un plan, faites des croquis ou répertoriez par écrit le nombre d'étagères et de meubles disponibles, ainsi que la catégorie d'objets qu'ils contiennent. Quand vous aurez repris votre rangement, certaines choses apparaîtront inévitablement là où vous vous y attendez le moins, vous n'avez donc pas besoin de faire une liste trop détaillée. Contentez-vous de cerner globalement les catégories d'objets et leur emplacement.

Lors de ma première consultation chez un client, je ne me lance pas immédiatement dans le tri des vêtements. Je commence plutôt par une évaluation complète des espaces de rangement. Je n'arrête pas de demander : « Qu'y a-t-il là-dedans ? Gardez-vous ailleurs des objets de cette catégorie ? » Je prends mentalement note de l'endroit et du volume de chaque espace de rangement, j'estime le temps nécessaire pour remettre de l'ordre, et je visualise le résultat final, y compris où chaque chose devra être rangée.

Mais, en tant que formatrice, c'est ma façon de procéder. Pour en revenir à votre objectif, il s'agit simplement d'avoir une vue d'ensemble de la situation actuelle et de recouvrer votre équilibre. N'y consacrez pas trop de temps. Dix à trente minutes devraient suffire.

En fait, faire le bilan vous permet de vous accorder une petite pause. Par la simple action de dresser la liste de chaque espace de rangement disponible chez vous, vous renouerez avec votre objectivité. Si, en plein milieu, vous prenez soudain conscience que ce n'est pas le moment de faire le point, n'hésitez pas à vous remettre à ranger. Si l'inventaire devient pénible et qu'il interfère avec le rangement en cours plutôt qu'il ne le facilite, alors revoyez vos priorités.

D'un autre côté, si vous aimez prendre des notes et les archiver, n'hésitez pas à être aussi minutieux qu'il vous plaira. Vous pourrez même faire une liste du contenu de chaque meuble de rangement. L'une de mes clientes est allée jusqu'à tenir un journal où elle note toute la progression de son marathon. À la première page, elle a présenté son « mode de vie idéal », suivi d'une section intitulée « situation actuelle (problèmes de rangement, meubles et espaces de rangement, liste des objets classés par catégorie) ». La dernière section consistait en une fiche de progression appelée « Le processus de rangement » où elle notait tout, des découvertes qu'elle avait faites en effectuant cette tâche au nombre de sacs-poubelle utilisés.

« J'adore terminer une catégorie et voir ma check-list presque entièrement cochée », m'a-t-elle dit. Si faire une liste vous donne tellement de joie, n'hésitez pas à y consacrer autant de temps que nécessaire. Et, pendant que vous y êtes, pourquoi ne pas trouver d'autres idées pour intensifier encore un peu plus le sentiment de joie éprouvé lors du rangement ?

Un traitement de choc : prenez des photos du désordre

Mon premier cours avec une cliente que j'appellerai « T » était prévu dans une semaine quand j'ai reçu d'elle l'e-mail suivant. Elle avait déjà assimilé l'essentiel de ma méthode de rangement, elle s'était fait une idée de son mode de vie idéal et m'avait paru très enthousiaste à l'idée de commencer, mais à présent son enthousiasme semblait s'être volatilisé.

« Je suis tellement découragée par tout ce désordre que je n'arrive pas à m'enthousiasmer quand je pense au rangement, écrivait-elle. Je n'arrive simplement pas à me motiver… » Elle poursuivit en énumérant les obstacles qu'elle avait rencontrés, comme : « L'une de nos pièces est devenue un véritable débarras, et mes deux enfants n'arrêtent pas de déranger ce que je remets en place. » Pour couronner le tout, elle ajoutait : « De toute façon, je ne serai jamais capable de ranger, parce que je suis du groupe sanguin B. » (Au Japon, selon une croyance répandue, le groupe sanguin aurait une influence sur la personnalité, et on croit que les individus du groupe A ont un désir plus intense d'ordre et de propreté que ceux du groupe B.)

J'aurais pu être tentée de répondre : « Arrêtez de vous plaindre et mettez-vous au travail », mais je sais que quand on se plaint, c'est en réalité la preuve qu'on a encore l'énergie nécessaire pour continuer. L'astuce consiste à transformer le désordre actuel – qui aura bientôt disparu pour de bon – en une source de divertissement.

Comment ? En prenant en photo les pièces qui sont encore encombrées. Eh oui. Je vous invite à appuyer sur le déclencheur, en prenant une photo panoramique de chaque pièce dans son ensemble, ainsi que des gros plans du contenu de chaque tiroir. En regardant ces photos, vous ne pourrez que constater que votre intérieur est encore plus encombré que vous ne le pensiez. Vous y verrez peut-être des piles de linge et des papiers éparpillés partout, ou des objets à la vue desquels vous ne pourrez que vous demander comment ils se sont retrouvés là. Il se pourrait que ce regard objectif sur la réalité de votre espace de vie soit pour vous un choc qui vous plongera dans le désespoir.

Pourquoi voudrais-je remuer le couteau dans la plaie et vous faire vous sentir encore plus mal ? Faites-moi confiance, mon but n'est pas d'être méchante. Je sais très bien à quel point il est difficile d'être motivé quand on n'a aucune envie de faire quelque chose. C'est seulement que, selon mon expérience personnelle, il est plus efficace de toucher le fond plutôt que de me démener en essayant avec encore plus d'acharnement. Une fois au fond, je ne tarde pas à trouver agaçant mon manque de courage, et je peux ainsi en remonter bien plus vite.

Cette méthode est profitable avant de commencer à ranger, et aussi quand vous commencez à vous sentir épuisé à mi-parcours. Appréciez pleinement vos photos. Montrez-les à vos amis pour en rire en comparant votre foyer avant et après votre marathon du rangement. Au fur et à mesure de l'avancement, il sera facile d'oublier à quoi il ressemblait avec tout cet encombrement. Ces photos vous montreront simplement le chemin que vous aurez parcouru et vous encourageront à continuer dans cette voie. Quand mes clients regardent leurs photos après avoir terminé de ranger, ils s'exclament tous : « Mais qui peut vivre dans un tel fouillis ? »

Peu importe combien cela peut vous paraître encombré, ne faites pas de pause, ne vous arrêtez pas, n'abandonnez surtout pas

De nombreuses années se sont écoulées depuis mon premier cours. J'ai visité tant de maisons encombrées que tout le désordre auquel je peux être confrontée, aussi considérable soit-il, me fait rarement perdre mes moyens. Il est tout à fait normal de voir apparaître trois ou quatre piles de linge par terre. Quand, à l'ouverture d'une porte, surgit un déluge de papiers dont l'épaisseur m'arrive à la cheville, ou quand tout ce que l'on peut voir à l'intérieur de ladite pièce ne sont que des piles de boîtes en carton, je suis prête à passer à l'action. Cependant, quand je suis arrivée chez une cliente que j'appellerai « K », ce que j'y ai vu m'a donné le tournis, et j'ai alors été plus que convaincue d'avoir mis les pieds dans l'antre d'un démon.

Le premier étage de la maison de K correspondait à son bureau, son espace de vie se trouvant aux deuxième et troisième niveaux. Nous sommes passées par le couloir du bureau, qui paraissait relativement vide, pour emprunter l'escalier. Lorsque la porte menant à son logement s'est ouverte, cependant, j'ai eu l'impression d'entrer dans une nouvelle dimension.

La litière d'un chat se trouvait à mes pieds, en plein dans le passage. Des boulettes qui faisaient penser à des croquettes pour chats étaient éparpillées au sol, ce qui rendait difficile de circuler sans mettre le pied dessus. Il ne fallut pas longtemps avant que j'en écrase une de la taille d'un grain de café. Juste au moment où je me demandais quoi faire des miettes sous mon chausson, j'ai levé les yeux et toute pensée concernant ces croquettes a disparu de mon esprit.

L'escalier devant moi était constitué de livres, ou, pour être plus précise, des livres, trois ou quatre en épaisseur, étaient empilés sur chaque marche, si bien qu'on n'en voyait même plus le bois. Sans prêter la moindre attention à mon silence éberlué, K m'a dit : « J'ai tellement de livres. La cabane sur le toit en est quasiment pleine à craquer. » Tout en parlant, elle se mit à sautiller légèrement comme une funambule jusqu'en haut des marches, malgré le dangereux fait que ces livres auraient pu glisser à tout moment sous ses chaussons souples. Quant à moi, je m'accrochai fermement à la rampe et me mis à gravir avec précaution, une marche à la fois, convaincue que si je tombais, j'allais atterrir tête la première dans la litière du chat. Je ne pus résister à l'idée que ce genre d'agencement serait parfait pour dissuader des cambrioleurs potentiels.

Je réussis tout de même à atteindre indemne le deuxième étage et à traverser, le visage impénétrable, le salon, où un mur entier semblait tapissé de livres. La chambre de K était littéralement une caverne constituée de vêtements. Il y en avait suspendus à des portants qui couvraient les deux extrémités de la pièce, rétrécissant le champ de vision et obscurcissant les lieux.

K continue à suivre mes cours, dont celui-ci était le premier. À vrai dire, cela nécessite un temps considérable, et elle dépassera facilement le record du plus grand nombre de cours parmi mes clients. Mais comparée à ses débuts, sa maison est devenue un nouveau monde. Grande amatrice d'art, elle va voir au moins trois expositions par mois. En faisant du rangement, elle a retrouvé plusieurs œuvres en céramique magnifiques, ainsi que des reproductions imprimées de tableaux célèbres. Au fur et à mesure que le volume du désordre diminuait et que les murs sont réapparus, elle a commencé à les y accrocher. Maintenant, des œuvres de Monet et de Renoir décorent un coin de sa chambre, qu'elle a transformé en une galerie originale. Volatilisé, l'antre de démon qu'était son espace de vie !

Quand bien même, K me demande de temps en temps : « Je sais que les endroits où j'ai terminé de ranger sont toujours en ordre, mais êtes-vous sûre que ce n'est pas grave d'y consacrer autant de temps ? »

Je réponds avec emphase : « Bien sûr ! », étant donné que le rangement en cours progresse incontestablement.

Outre le désordre qui pourrait s'accumuler chez vous, le rangement s'applique à des objets concrets. **Indépendamment de la quantité de choses que vous possédez, leur nombre est néanmoins toujours limité.** Si vous parvenez à identifier celles qui vous procurent de la joie et à trouver où les ranger, cette tâche que représente le rangement arrivera inévitablement à son terme. Plus vous vous y consacrerez, plus vous vous rapprocherez d'un lieu de vie empli de joie. Par conséquent, rien ne pourrait être plus contre-productif que d'abandonner en milieu de parcours.

Une fois le premier pas effectué dans votre marathon du rangement, ne faites pas de pause, ne vous arrêtez pas et n'abandonnez surtout pas. Quelle que soit la situation à laquelle vous êtes actuellement confronté, vous pouvez faire de votre espace de vie un lieu qui vous inspire de la joie. Je vous le garantis, car le rangement ne ment jamais. Le contraire est tout aussi vrai. Si vous ne persévérez pas dans cette tâche, votre marathon du rangement n'en finira jamais. Par conséquent, si vous vous arrêtez en plein milieu, ne le remettez surtout pas à plus tard. Il est temps de reprendre le travail.

Si vous êtes loin d'être une fée du logis, attendez-vous à une transformation spectaculaire

Avant de commencer, je demande à mes clients : « Êtes-vous doué pour le rangement ? » Je reçois généralement l'une de ces trois réponses : plutôt doué, pas mal ou terrible. Le taux est d'environ 1 pour 3 pour 6.

Les personnes qui s'estiment douées pour cette tâche ont déjà un espace de vie relativement en ordre. Leurs questions ont tendance à être particulièrement concrètes, car elles ont déjà expérimenté plusieurs méthodes. Dans ce cas, je réponds simplement à des questions spécifiques telles que : « Vaut-il mieux ranger l'aspirateur dans le placard ou dans le débarras ? », ou « Je range les serviettes là dans la salle de bains. Pensez-vous que ce soit le bon endroit ? » Elles sont également douées pour choisir ce qui leur procure de la joie, et elles progressent plutôt rapidement dans leur tâche. Avant que nous en ayons terminé, elles n'ont souvent besoin d'aide que pour revoir où ranger chaque chose.

Les personnes estimant que le rangement ne leur est pas tout à fait inconnu s'y mettent à leur manière et parviennent à continuer ainsi sans problème. Étant donné qu'elles sont volontaires et qu'elles persévèrent, il serait regrettable de ne pas les encourager dans leurs efforts quand elles cherchent à gagner en efficacité. Même si elles ont trouvé où ranger leurs affaires, de nombreuses choses ne leur procurent pas de joie, et leurs rangements ont tendance à être relativement compliqués, avec des objets de la même catégorie éparpillés un peu partout dans la maison. Les cours que je dispense leur permettent de se familiariser avec les principes de base de ma méthode.

Pour terminer, il y a celles et ceux qui ne sont pas doués en rangement. Leur marathon commence dès que je franchis leur porte. Quand je vois la quantité de choses éparpillées un peu partout, il m'arrive de me demander s'ils ont fait exprès de laisser tout ce bazar juste pour m'occuper, puisqu'ils savent que je suis une fana du rangement. Une cliente m'a un jour révélé qu'elle considérait sa pièce comme un lieu où entreposer ses affaires. Assez régulièrement, avant même que les clients puissent aborder l'étape dite de l'« évaluation de la joie », nous devons désencombrer en partie le sol et passer l'aspirateur afin de pouvoir y empiler tous les vêtements au même endroit.

Indépendamment du fait qu'un client soit doué ou mauvais pour ranger, il peut toujours apprendre à remettre de l'ordre. Mais ceux qui s'estiment absolument nuls pour y procéder sont ceux qui connaissent une transformation des plus spectaculaires. Une fois qu'ils ont appris comment faire, ils continuent à ranger en faisant preuve d'une loyauté indéfectible. Les perceptions personnelles qu'ont mes clients de leurs compétences en matière de rangement ne sont au final que des suppositions biaisées. Les personnes qui s'estiment terribles quand il s'agit de remettre de l'ordre n'ont simplement jamais su comment procéder correctement et, par conséquent, n'ont jamais connu le sentiment que procure un foyer bien rangé.

J'ai un jour reçu un e-mail du mari de l'une de mes clientes me disant que sa femme était devenue « une autre personne ». Elle était plutôt du genre à ne jamais rien remarquer, dans le bon et le mauvais sens du terme. « Elle ne voyait pas ce qui traînait au sol, ne regardait jamais autour d'elle, ne remettait jamais les choses à leur place quand elle les prenait. Cela ne la préoccupait pas du tout. C'était généralement moi qui me chargeais de tout remettre en ordre, mais maintenant, on dirait une autre personne, elle est si assidue quand il s'agit de ranger. »

Imaginez l'impact qu'un tel changement peut avoir sur votre vie. **Le « dieu du rangement » n'abandonne jamais personne, même ceux qui ne croient pas en eux.** Mais tout d'abord, vous devez vous décider à vous y mettre. Nous ne pouvons transformer notre vie que si nous le voulons vraiment. Et quand vous aurez terminé, le « dieu du rangement » ne manquera pas de vous récompenser.

2

Comment inonder de joie votre espace de vie

Visualisez votre mode de vie idéal à partir d'une simple photo

« Terminez d'abord de jeter. » Je suis sûre que vous savez maintenant qu'il s'agit d'une règle essentielle à la méthode KonMari. Si, avant même d'avoir terminé de vous débarrasser de certaines choses, vous commencez à réfléchir aux endroits où ranger tel ou tel objet, vous n'irez pas loin. C'est pourquoi il est tout d'abord impératif de se concentrer sur ce que vous allez jeter.

Ceux d'entre vous qui ont déjà entrepris leur marathon du rangement savent que, même si vous avez hésité un peu à vous y mettre, une fois lancé, vous trouvez plutôt amusant de vous débarrasser. Ceci, cependant, est un signal d'alarme. Cette activité de tri peut en effet devenir un plaisir, mais ce ne doit en aucun cas devenir le prétexte pour vous débarrasser systématiquement de tout, comme un robot. **L'acte seul de vous débarrasser n'apportera jamais la joie dans votre vie.**

Se débarrasser n'est pas la question ; ce qui importe, c'est de conserver les objets qui vous inspirent de la joie. Si vous jetez tout jusqu'à ce qu'il ne vous reste plus rien, si ce n'est un intérieur vide, je ne pense pas que vous serez heureux d'y vivre. Votre objectif en faisant du rangement devrait être d'obtenir un espace de vie rempli d'objets qui vous plaisent.

C'est également la raison pour laquelle il est si important d'aborder l'ensemble du processus en identifiant tout d'abord ce que vous considérez comme votre mode de vie idéal. À ce propos, j'ai une requête à vous soumettre. Au sujet de vos rêves, je vous prie de ne rien vous interdire. Votre vision idéale n'est pas un objectif gravé dans le marbre, pas plus qu'une obligation, alors ne réprimez rien. N'hésitez pas à vous faire plaisir en laissant libre cours à vos rêves les plus fous. Voulez-vous vivre comme une princesse dans un espace où les meubles et les couvre-lits sont blancs comme neige ? Avez-vous envie d'un intérieur aussi somptueux que splendide avec de magnifiques tableaux aux murs ? Ou rêvez-vous d'une pièce tellement remplie de plantes que vous aurez l'impression de vivre au cœur d'une forêt ?

Ceci étant dit, certains d'entre vous trouveront peut-être difficile de cerner le mode de vie auquel ils aspirent. Le cas échéant, je vous suggère de chercher une image représentant votre idéal. Vous pouvez évidemment vous contenter de le visualiser, mais si vous n'avez ne serait-ce qu'une photo qui vous donne l'impression suivante : « Oui, c'est le genre d'espace où j'aimerais vivre », cela changera totalement votre façon de voir le rangement.

Cependant, il est fondamental de vous mettre à la recherche de cette image consciencieusement et rapidement. Si vous vous dites : « Je vais sûrement tomber sur une photo à un moment donné, alors autant attendre qu'elle se présente », cela ne risque pas d'arriver. Étalez sous vos yeux plusieurs magazines de déco et consultez-les tous d'un coup, voilà l'astuce. Même si cela peut être divertissant d'en feuilleter un par jour, en procédant ainsi, vous risquez de rester indécis. En effet, chaque jour, vous pourriez changer d'avis, et cela sera d'autant plus difficile de vous faire une idée du mode de vie auquel vous aspirez. Les intérieurs présentés dans les magazines sont tous fabuleux. Un jour, vous pourriez être attiré par le style japonais, ou le lendemain, le style balnéaire. En regardant en même temps toute une diversité d'intérieurs, il sera plus facile d'identifier quels sont les aspects de chacun qui vous inspirent. Par exemple, vous remarquerez peut-être que plutôt qu'un certain style de décoration, vous avez tendance à trouver intéressantes les pièces blanches, ou celles pleines de plantes.

Empruntez à la bibliothèque une pile de magazines de déco, ou allez en acheter, puis feuilletez-les rapidement. Quand vous trouverez une image qui vous inspire, gardez-la dans votre agenda ou sur votre bureau, ainsi, vous pourrez vous y référer à tout moment.

Gardez en toute confiance ces choses classées dans la zone grise

Les spécialistes du rangement recommandent généralement de mettre les objets que l'on n'est pas sûr de garder dans une boîte à part. Si vous ne vous en êtes pas servi dans les trois mois, vous pourrez vous en débarrasser. Cela vous semblera sans doute aussi judicieux que facile. Avec la méthode KonMari, cependant, je préconise de faire précisément le contraire, sans doute parce que cette approche n'a pas du tout été efficace en ce qui me concerne, malgré deux années et demie de tentatives.

Quand j'en ai entendu parler pour la première fois, son côté très simple et logique m'a intriguée. C'était parallèlement un prétexte génial pour jeter. « Allons bon ! Ça fait trois mois que je n'en ai pas eu besoin, je suppose qu'il n'y a donc plus rien à regretter. » À ce moment-là, j'étais tellement obsédée par le rangement que je commençais même à avoir l'impression de mettre beaucoup trop de choses au rebut, par conséquent, la logique de cette méthode s'accordait parfaitement à mon vague sentiment de culpabilité. Cela pourrait expliquer pourquoi je suis parvenue à m'y accrocher deux ans et demi, un exploit inhabituel pour moi.

La première étape consistait à mettre dans un sac en papier tout ce qui était classé dans la zone grise, c'est-à-dire tout ce qui ne m'enthousiasmait pas, et de le ranger par terre, dans le coin à droite de mon placard. J'étais censée afficher la date du « jour du jugement » sur chaque objet, ce dont je me suis abstenue puisque je n'en avais pas beaucoup. Pendant les trois mois suivants, ma vie a suivi son cours normalement.

Je n'ai jamais utilisé ce que j'avais mis dans ce sac. En théorie, tout ce qui s'y trouvait devait finir à la poubelle. J'aurais dû m'en féliciter, mais j'avais en fait mauvaise conscience chaque fois que je voyais ce sac. Mes vêtements que j'avais disposés dans mon placard du plus long au plus court de gauche à droite auraient dû me remonter le moral, mais à la vue de ce sac, j'avais le cœur brisé. Je crus utile de le déplacer à gauche, mais cela ne changea rien.

Je décidai alors de sortir du sac un coupe-papier en bambou, un souvenir qu'on m'avait offert, avec lequel je me mis à ouvrir mes lettres, alors même que je n'en avais vraiment pas besoin. Je ressortis également un carnet dont la couverture était ornée de personnages de dessins animés. Je l'avais acheté par erreur et il ne me plaisait même pas, mais je ne parvins à m'en servir qu'une ou deux fois. J'avais déjà bien trop de carnets qui me plaisaient pour pouvoir tous les utiliser. Tout cela parce que je n'arrêtais pas de me dire : « Le jour du jugement approche. » Il ne fallut pas longtemps avant que j'attende impatiemment la fin de cet ultimatum de trois mois. Le jour approchait et je commençais à me reprocher de ne pas avoir utilisé ce que j'avais mis dans le sac. Au final, je me suis sentie trois fois plus coupable en me débarrassant de ces objets qu'après les avoir placés là au départ. La dernière fois que j'y ai mis des choses, elles y sont restées six mois. Je les avais tout simplement oubliées.

Comme j'aimerais pouvoir m'asseoir en compagnie de la personne que j'étais alors, pour lui prodiguer quelques conseils quant à cette expérience ! « Écoute-moi, lui dirais-je, si tu n'arrives simplement pas à te débarrasser de quelque chose, alors garde-le sans culpabiliser. Tu n'as pas besoin de mettre ces objets dans un sac à part. » Au lieu d'attendre les trois prochains mois pour savoir si vous utiliserez quelque chose, pourquoi ne pas réfléchir aux trois mois précédents pour vous décider dès maintenant ?

Essayez de le voir du point de vue des objets à l'intérieur de ce sac. Au fond, vous leur dites : « Vous savez, vous ne m'enchantez pas vraiment et je doute que vous me servirez encore, mais restez là pendant trois mois. » Après les avoir rejetés et mis à l'écart, vous les soumettez ensuite à l'humiliation en leur annonçant trois mois plus tard : « Hum… c'est bien ce que je pensais. Vous ne m'enchantez plus du tout », avant de finir par vous en débarrasser. C'est ce que l'on appelle de la torture.

Selon moi, il est criminel de mettre les choses en attente sous prétexte d'avoir besoin d'une justification pour s'en débarrasser. En les mettant de côté, on continue à s'accrocher à elles alors qu'elles ne suscitent plus de joie. **Il n'y a que deux options possibles : gardez-les ou jetez-les. Et si vous les gardez, veillez à en prendre soin.**

Si vous décidez de garder un objet classé dans la zone grise, traitez-le comme s'il était précieux, au lieu de lui accorder avec peu d'enthousiasme un délai de grâce de trois mois. Cela vous libérera de tout sentiment équivoque ou de culpabilité. Mettez-le à un endroit où vous pourrez le voir, pour ne pas oublier qu'il existe. Par exemple, disons que vous vous résoudrez à vous débarrasser de quelque chose si vous ne vous en êtes pas servi d'ici l'été, toutefois, pendant ce temps, témoignez-lui votre gratitude comme si vous l'aimiez. Si, au final, vous vous rendez compte qu'il ne vous procure plus de joie et qu'il ne vous sert plus à rien, remerciez-le de tout ce qu'il a fait pour vous et débarrassez-vous-en.

Par souci de clarté, permettez-moi de me répéter : **au lieu de cacher les choses classées dans la zone grise, gardez-les de bon cœur et rangez-les bien en vue.** Conservez-les précieusement comme tout ce qui vous anime d'un sentiment de joie.

Faites de votre maison débordante de joie votre propre musée

Après avoir passé la majeure partie de ma vie à regarder toute sorte d'objets, y compris chez mes clients, j'ai découvert trois éléments communs quant à l'attirance qu'ils suscitent : l'esthétique de l'objet en question (attirance innée ou naturelle), la quantité d'amour qui lui a été donnée (attirance acquise), et toutes les histoires ou l'importance qu'il a accumulées (valeur dérivée de l'expérience).

Bien que j'aie très peu de centres d'intérêt autres que le rangement, j'adore passer du temps dans les musées. J'apprécie beaucoup de contempler les peintures et les photographies, mais les pièces que je préfère sont les objets de la vie quotidienne, comme la vaisselle et les urnes. Je pense que le fait d'être appréciés par tant de visiteurs affine et augmente la valeur de telles œuvres d'art et d'artisanat, bien au-delà de leur coût réel.

Il m'arrive parfois de voir dans un musée une œuvre plutôt ordinaire mais qui m'attire indéniablement. La plupart du temps, je crois que cette attirance magnétique est due au fait que l'œuvre a été chérie par les personnes auxquelles elle a appartenu.

Chez mes clients, il m'arrive aussi de tomber sur des choses suscitant une mystérieuse attirance du même type. N, par exemple, vivait dans une maison élégante, la demeure de sa famille depuis quatre générations, où il y avait beaucoup de vaisselle. Le meuble de rangement vitré dans le salon et le vaisselier dans la cuisine en étaient remplis, et il y en avait encore plus, emballé dans des boîtes dans une pièce servant de débarras. Quand nous avons rassemblé et posé à terre tous les services de cette vaisselle, ils occupaient à peu près la surface de trois tatamis (environ 2 mètres par 3 de surface au sol). À ce moment-là, N, qui avait presque terminé de ranger la catégorie des *komono*, s'est montrée très compétente pour tout vérifier. Pendant quelque temps, tout ce qu'on pouvait entendre, c'était le tintement des pièces de la vaisselle qu'elle ramassait avant de les reposer au sol, et le murmure de sa voix quand elle disait : « Cette assiette me procure un sentiment de joie, mais pas cette tasse. »

Pendant ce temps, je garde généralement un œil sur les objets entre les mains de mes clients, tout en réfléchissant à la manière d'organiser le rangement. Subitement, une petite assiette esseulée dans le coin « réservé à la joie » retint mon attention. « Cette assiette est très spéciale, n'est-ce pas ? » demandai-je.

N me regarda, interloquée. « Non, pas particulièrement. Pour vous dire la vérité, je l'avais même oubliée. Je n'en aime pas vraiment la forme non plus, mais quelque chose à son sujet me touche, manifestement. » Un peu épaisse, d'un gris uni et sans le moindre motif ornemental, elle ne semblait pas à sa place parmi les autres pièces de vaisselle que N avait sélectionnées, la plupart étant décorées de motifs colorés.

Après la consultation, elle m'envoya un e-mail pour me raconter qu'elle avait demandé à sa mère d'où venait cette petite assiette. Apparemment, le grand-père de N l'avait fabriquée pour sa femme, la grand-mère de N, qui l'avait chérie toute sa vie. « C'est étrange, m'écrivait-elle. Même avant d'avoir entendu parler de cette histoire, cette assiette suscitait en moi un sentiment de joie. » Elle poursuivit en me relatant plusieurs épisodes au sujet de cette assiette. Lors de ma visite suivante chez elle, elle l'avait posée sur l'autel bouddhiste et y avait mis des bonbons, et la chaleur que l'objet transmettait à cet espace et à ce qui l'environnait me fit une impression durable.

Je suis convaincue que les objets qui ont été aimés et chéris acquièrent de l'élégance et du caractère. Quand on s'entoure uniquement de choses qui procurent de la joie et qu'on les inonde d'amour, on peut transformer sa maison en un espace rempli d'objets précieux, comme s'il s'agissait de son musée d'art personnel.

Ajoutez de la couleur à votre vie

« J'ai fini de ranger, et tout est charmant et propre chez moi ! Mais pour une raison que j'ignore, je n'ai pas l'impression d'en avoir terminé. » Les maisons des personnes ayant ce genre de sentiment ont généralement un point commun : il y manque de la couleur.

Lorsque l'étape de réduction du nombre de vos possessions arrive à son terme, il est temps de penser à égayer un peu votre espace de vie. Normalement, vous pouvez y parvenir simplement en le décorant avec des objets que vous aimez, même avec ceux que vous n'avez jamais vraiment utilisés. Cependant, les personnes ayant une expérience très limitée pour sélectionner les objets qui suscitent en elles un sentiment de joie devront se mettre à leur recherche. Ce qui manque considérablement et le plus souvent dans leur vie, c'est la couleur. Alors que la solution idéale serait d'acheter de nouveaux rideaux ou des couvre-lits de ses couleurs préférées, ou d'accrocher au mur un tableau qui plaît, ce ne sera peut-être pas une option immédiate pour tout un chacun.

Dans ce cas, la méthode la plus simple, ce sont les fleurs. Des plantes en pot feront parfaitement l'affaire si vous trouvez difficile de composer des bouquets. J'ai commencé au collège à utiliser des fleurs pour égayer ma chambre, ou, pour être plus précise, j'ai acheté un seul gerbera qui ne m'a coûté que cent yens (environ un dollar).

Je n'arrêtais pas de me demander pourquoi la couleur était manifestement si importante pour moi, lorsque, un jour, il me vint à l'esprit que cela devait venir des repas que préparait habituellement ma mère. Elle cuisinait toujours toute une diversité de plats pour chaque repas, et le résultat était vraiment très coloré. Si une couleur était trop prédominante, par exemple du poulet mijoté à la bardane, du sauté de porc aux champignons, de la soupe miso à l'aubergine, et du tofu frais nappé d'une vinaigrette aux algues, ma mère regardait ce qu'il y avait sur la table avant de dire : « Il y a trop de marron. Il faut davantage de couleurs », et elle ajoutait un plat de tranches de tomates. De manière surprenante, cette unique touche colorée égayait la table et contribuait à faire de nos repas un moment des plus agréables. Le même principe s'applique à votre espace de vie. Si une pièce paraît dénudée, il suffit d'une fleur pour l'embellir.

J'ai eu l'occasion de me rendre chez une célébrité pour lui donner un cours destiné à être diffusé à la télévision. Cette personne vivait dans un appartement en duplex, son espace de travail, situé à l'étage au-dessus de son logement, était en comparaison bien rangé, avec au sol une seule boîte en carton contenant des documents. Après une évaluation rapide, nous sommes descendues dans sa chambre, où j'ai pénétré dans un univers bien différent.

La première chose qui m'a sauté aux yeux, c'étaient les six machines à sous de style flipper posées sur le dessus d'une bibliothèque contre un mur. Les panneaux ornés de personnages de dessins animés n'arrêtaient pas de clignoter, et la pièce était envahie par le ronronnement des machines. Bien que j'aie pu voir des cibles de fléchettes et des tables de mah-jong chez certaines personnes, je n'avais encore jamais vu un intérieur décoré avec des machines à sous en fonctionnement. Il y en avait même deux éteintes au sol, dans un placard.

« C'est ce qui me donne le plus de joie ! » m'expliqua-t-elle en souriant largement avec assurance. Les machines à sous sont pour elle ce que les fleurs sont pour moi, me dis-je, et même encore davantage ! Quand nous eûmes fini de tout ranger, les machines clignotantes étaient disposées, bien visibles, tout autour de sa chambre, ce qui devait être à ses yeux comme un paradis débordant de joie.

Il est beaucoup plus important de décorer votre intérieur avec ce que vous aimez que de le laisser tellement dénudé qu'il y manquera tout ce qui pourrait vous procurer de la joie. À la fin du marathon du rangement, l'espace de vie de bon nombre de mes clients semble souvent plutôt vide, mais il ne tarde pas à changer et à évoluer. Un an plus tard, la joie y est on ne peut plus perceptible. Les objets qu'ils aiment sont bien mis en évidence et, fréquemment, ils ont remplacé les rideaux et les dessus-de-lit pour maintenant arborer leurs couleurs préférées. Si vous pensez que ranger veut simplement dire se débarrasser de tout ce qui vous encombre, vous vous trompez. Gardez toujours à l'esprit que votre véritable objectif sera de trouver et de conserver les objets que vous aimez réellement, pour les disposer fièrement chez vous, et vivre ainsi dans la joie.

Tirer parti au maximum des objets « inutiles » qui vous inspirent tout de même de la joie

« Je ne sais pas vraiment si cela me servira un jour, mais il suffit que je le regarde pour me sentir heureux. Le simple fait de l'avoir me satisfait amplement ! » Généralement, un client tiendra ces propos tout en présentant dans sa main quelque objet au hasard qui, de prime abord, n'a aucune utilité imaginable, comme un bout de tissu ou une broche cassée.

Si cela vous rend heureux, alors le choix qui s'impose est de le conserver sans vous poser de questions, peu importe ce que l'on pourrait en dire. Même si vous le rangez dans une boîte, vous apprécierez quand même de l'en sortir pour le regarder. Mais si vous allez le garder de toute façon, alors pourquoi ne pas en tirer parti au maximum ? Les objets qui semblent pour certains ne rimer à rien, les objets que vous seul pourrez jamais aimer – voilà précisément ceux que vous devriez mettre en valeur.

Globalement, il y a quatre façons d'utiliser ce genre d'objets pour décorer votre intérieur : posez-les quelque part (miniatures, peluches, etc.) ; suspendez-les (porte-clés, rubans pour les cheveux, etc.) ; punaisez ou collez-les (cartes postales, papier cadeau, etc.) ; ou utilisez-les pour emballer ou recouvrir (tout ce qui est pliable, comme des morceaux de tissu, des serviettes, etc.).

Commençons par la première catégorie – les objets à poser quelque part. Même si la méthode est plutôt simple, vous pourrez l'appliquer à des bibelots ou à des figurines, naturellement présentés ainsi, mais également à d'autres objets. Comme tout un groupe posé sur une étagère semblerait relativement en désordre, je vous suggère de les « encadrer » en les plaçant tous ensemble sur une assiette, un plateau, un joli tissu, ou dans un panier. Ils seront ainsi mieux ordonnés et, par ailleurs, plus faciles à épousseter. Il va sans dire que si vous préférez en réalité le côté plus décontracté en les empilant directement sur une étagère, je vous en prie, faites-vous plaisir. Ou mettez-les en vitrine si vous en avez une de disponible.

En plus de les présenter pour qu'ils soient bien visibles, il sera également amusant de les placer dans vos espaces de rangement. L'une de mes clientes, par exemple, a collé au centre d'un petit bouquet artificiel une broche en strass figurant une grenouille, de façon à ce que la tête de celle-ci en émerge. Elle a ensuite mis le tout dans un tiroir, entre ses soutiens-gorge. Je n'oublierai jamais ce sourire sur son visage quand elle m'a dit : « Dès que j'ouvre ce tiroir, cela me rend simplement heureuse de voir sa petite tête sortir de là comme si elle jetait un œil. »

Pour la deuxième catégorie – les objets à suspendre –, vous pourrez ponctuer d'accents décoratifs votre penderie avec des porte-clés ou des accessoires pour cheveux fixés au crochet de vos cintres, ou en enveloppant ceux-ci avec des objets plus longs, comme des rubans de boîtes cadeau ou un collier que vous vous êtes lassé de porter. Pourquoi ne pas aussi suspendre ce genre d'objets à des crochets muraux, l'extrémité des barres à rideaux et à tout endroit qui vous semble approprié ? Si l'objet est trop long et peu commode, coupez-le ou nouez-le à la longueur désirée.

Si vous avez tellement d'objets à suspendre que vous ne trouvez plus de place, je vous suggère de les attacher ensemble pour en faire un seul ornement. L'une de mes clientes a suspendu dans son entrée un rideau qu'elle a réalisé en liant ensemble des lanières de téléphone portable ornées de la mascotte locale qu'elle adorait. Bien que la vue des petits visages de cette mascotte se mouvant dans les airs soit quelque peu bizarre, la propriétaire m'a assuré que grâce à eux son vestibule est devenu pour elle l'« entrée du paradis ».

Nous voici à la troisième catégorie – les objets à coller ou à punaiser. Décorer l'intérieur de votre placard avec des affiches pour lesquelles vous n'avez pas trouvé de place est une pratique courante dans la méthode KonMari. Cela contribuera à ajouter de l'originalité à tout espace de rangement, y compris sur les parois de votre armoire et les portes de votre placard, les panneaux de fond de vos étagères, ou l'intérieur de vos tiroirs. Vous pouvez utiliser du tissu, du papier ou tout ce que vous voudrez, tant que cela vous fait plaisir.

J'ai remarqué récemment que bon nombre de mes clients réalisent des panneaux d'affichage personnalisés avec des images de tout ce qui les inspire, comme des exemples de leur maison idéale ou des photos des pays qu'ils aimeraient visiter. Ils composent ainsi un collage de tout ce qui leur procure de la joie. Si cette idée vous intéresse, consacrez un peu de temps à élaborer un panneau de ce style qui vous réjouira vraiment.

La dernière façon de décorer votre intérieur avec vos objets préférés regroupe tout ce dont vous pourrez vous servir pour envelopper. Il s'agit de tout objet souple, facile à plier, comme des morceaux de tissu, des serviettes, des tote bags et des vêtements qui ne vous vont plus, mais confectionnés dans un tissu avec de jolis motifs qui vous plaisent. Vous pourrez utiliser ce genre de choses pour envelopper des câbles basse tension, longs et disgracieux, ou comme housse de protection contre la poussière pour les appareils électroménagers employés occasionnellement, comme les ventilateurs électriques remisés pour l'hiver. Je vous suggère d'enrouler les couettes pour évacuer l'air

Ajoutez une touche personnelle à vos espaces de rangement

Posez

Suspendez

Punaisez ou collez

Enveloppez

à l'intérieur, puis de les mettre dans un sac en tissu qui sera aussi efficace qu'un sac de rangement sous vide.

Si vous aimez coudre, vous pourrez obtenir un super emballage en décousant les ourlets des vêtements et en surfilant les bords pour éviter que le tissu ne s'effiloche. Emballer simplement des objets dans ce joli tissu à motifs que vous aurez ainsi confectionné contribuera à embellir votre intérieur.

Quand vous aurez terminé, vous verrez des choses que vous aimez partout où vous poserez les yeux. Quand vous ouvrirez un tiroir ou le placard, quand vous regarderez derrière votre porte ou au fond de vos étagères, votre cœur débordera de joie. Peut-être que cela vous semble être un rêve inaccessible, cependant, il est dès à présent à votre portée. Si vous avez divers objets que vous aimez, même s'ils vous paraissent inutiles, je vous prie de les mettre en valeur, de les contempler avec un regard nouveau. Il doit bien y avoir une raison pour que vous ayez choisi de les ramener chez vous. Je suis plus que convaincue que tout objet n'a qu'une envie : être utile à son propriétaire.

À propos, lorsqu'en rangeant vous tomberez sur certains objets qui suscitent en vous de la joie, mais qui vous semblent inutiles, je vous recommande de les mettre de côté dans la catégorie « décoration » jusqu'à ce que vous ayez terminé. Vous pourriez vous arrêter pour décorer chaque fois que vous en trouvez un, mais si une prise de décision est nécessaire à chaque fois, cela pourrait interrompre la progression de votre marathon du rangement. Une fois votre mission terminée, lorsque la maison sera propre et en ordre et que la joie sera à son comble, des idées de décoration émergeront.

Créez votre puits d'énergie

L'une de mes clientes a rangé une petite pièce qui lui servait jusque-là de débarras et l'a transformée en espace personnel. Elle l'a meublée avec un petit canapé confortable qui ne lui servait pas, a fabriqué une étagère à livres basse en en sciant une vieille ; au lieu de papier peint, elle a tapissé les murs avec du tissu qui lui plaisait, et elle a réalisé une lampe chandelier avec des décorations de Noël. Elle a tout fait elle-même. Il lui a fallu trois mois, mais une charmante cachette en a résulté. Chaque fois que ses petits-enfants viennent la voir, ils entrent dans cette pièce et n'en ressortent pas. « Je suis si heureuse d'y passer du temps à lire ou à écouter de la musique », m'a-t-elle confié.

Veillez à trouver un endroit chez vous qui ne soit que pour vous, en exclusivité, et transformez-le en votre espace personnel ne contenant que les objets que vous aimez. Si vous n'avez pas toute une pièce de disponible, utilisez un coin de votre placard. Si vous avez un bureau, cela pourrait convenir. Si vous êtes un parent au foyer qui passe beaucoup de temps dans la cuisine, faites d'un coin de cette pièce un espace qui vous inspirera de la joie. L'une de mes clientes, par exemple, y a accroché un panneau en liège où elle a punaisé des photos de ses enfants et de leurs cadeaux pour la fête des Mères, ainsi que les empreintes de leurs mains.

« J'apprécie de cuisiner bien plus qu'avant », m'a-t-elle dit, avec une satisfaction non dissimulée.

Lorsque vous aurez créé votre puits d'énergie, il en découlera des bienfaits illimités, indépendamment de l'endroit où il est situé, ou même de sa superficie. Un espace rien qu'à vous débordant de joie s'apparente à un chauffe-mains dans votre poche un jour glacial.

L'une de mes clientes adore les motifs de champignons. Elle en a des cartes postales saisissantes, des figurines les représentant, des porte-clés avec des petits qui en pendent, un cure-oreille avec un champignon sur le manche, et des gommes qui en ont la forme. « C'est leur apparence que je trouve si attirante, vous voyez. Bombés en haut et effilés en bas. Et leur modestie, car ils prospèrent à l'ombre des grands arbres. » En évoquant ainsi tous leurs charmes, elle avait une expression euphorique sur le visage, et il était merveilleux de voir combien ils lui procuraient de la joie, mais malheureusement, ils étaient rangés hors de vue. Les cartes étaient toujours sous plastique, les miniatures toujours emballées, et toutes étaient fourrées en vrac dans une grande boîte en fer qui avait contenu des biscuits salés.

Quand je lui ai demandé combien de fois elle ouvrait cette boîte pour les admirer, elle m'a répondu une fois par mois. Donc, même si elle passait deux heures à les regarder à chaque fois, ils ne lui procureraient que vingt-quatre heures de plaisir dans l'année. À ce rythme, ses précieux champignons risquaient fort de moisir. C'est précisément à ce genre de moments que je vous conseille de créer votre « puits d'énergie » et de le décorer tant qu'il vous plaira avec les objets que vous aimez.

Cette cliente a établi à l'intérieur de son placard son espace personnel consacré aux champignons. Elle a égayé avec les cartes les représentant la face avant de ses boîtes de rangement en plastique transparent, a recouvert le linge de lit de rechange d'un tissu à larges motifs de champignons, a suspendu ses porte-clés au crochet des cintres, et sur l'une des étagères, elle a présenté dans un panier ses miniatures à leur effigie.

Imaginez ce que vous ressentiriez une fois rentré chez vous après une longue journée harassante au travail en retrouvant votre propre espace où vous ressourcer. Si vous avez réduit le volume de vos possessions mais que vous n'éprouvez plus de joie chez vous, en vue de créer votre espace personnel, essayez de rassembler au même endroit des objets choisis parce que vous les aimez vraiment. Cela pourrait intensifier spectaculairement le plaisir que vous éprouvez quand vous passez du temps à la maison.

3

Tout ce qu'il faut savoir sur le rangement dans la joie et la bonne humeur

Au cours du processus de rangement, les emplacements où ranger demeurent temporaires

Alors que le rangement semble suivre son cours sans problème à l'horizon, vous éprouvez subitement de l'anxiété. Vous avez considérablement réduit le volume de vos possessions, mais n'avez pas encore décidé où ranger ce qui vous reste, et comme si cela ne suffisait pas, vous avez l'impression que le désordre est en train d'envahir à nouveau la pièce. Est-ce simplement une idée ou la réalité ?

Tout cela est bien réel, et ces sentiments ne sont pas non plus le fruit de votre imagination. Vous êtes loin d'être le ou la seul(e) à faire cette expérience, surtout quand on en vient à terminer de ranger les vêtements et les livres, ou en plein milieu du tri des *komono*, lors de l'étape de l'« évaluation de la joie ». Pendant des années, j'ai moi-même éprouvé la même inquiétude. Mais soyez rassuré. En plein milieu d'un marathon du rangement, il est tout à fait naturel qu'une pièce se retrouve en désordre. La catégorie des *komono*, plus particulièrement, qui regroupe une grande diversité d'objets, est de ce fait, avant que vous ayez terminé, la cause d'un désordre qui ne passe pas inaperçu.

À une époque, j'insistais auprès de mes clients pour qu'ils décident de l'endroit où ranger leurs affaires dès qu'ils avaient trié chaque catégorie de *komono*. « Les fournitures de bureau dans ce tiroir, s'il vous plaît », « Les outils dans ce débarras, là-bas, quand vous aurez fini », etc. En rangeant les choses, la pièce donnait immédiatement l'impression d'être en ordre et, d'autant plus important, cela me conférait un air très professionnel. Vous avez bien compris, j'essayais de me mettre en avant.

Cependant, il est extrêmement difficile d'avoir une vue d'ensemble sur vos *komono* avant de les avoir tous triés. Le nombre de leurs catégories est si vaste, et les objets qu'on possède varient considérablement d'un individu à l'autre. Pour compliquer encore les choses, il n'est pas rare que mes clients classent leurs objets différemment. Pour une personne, un cutter sera répertorié sous « fournitures de bureau », alors que pour une autre, il pourrait se retrouver sous « travaux manuels ». Il arrive parfois que les gens élargissent ou revoient également le contenu d'une certaine catégorie en progressant. « Ce chauffe-mains de poche n'appartiendrait-il pas en fait aux "produits de santé" ? »

Quand je demandais à mes clients de ranger aussitôt les choses juste après les avoir triées, des tiroirs auparavant bien organisés ne tardaient pas à déborder, et l'espace de rangement pour les objets d'une même catégorie se retrouvait dispersé à plusieurs endroits dans la maison. Je commençais alors à céder à la panique et je ne parvenais plus à penser clairement. Au final, il m'arrivait souvent de leur dire : « Je suis désolée, mais cela vous ennuierait-il si je ressortais les *komono* que nous venons de ranger pour trouver une meilleure solution ? » Puis je devais me remettre à les trier par catégories. Au lieu de gagner du temps, j'en avais perdu.

Après avoir fait cette erreur à plusieurs reprises, j'ai fini par comprendre que ranger les choses à leur place ne peut être envisagé que quand tout est achevé. C'est seulement quand vous avez terminé de tout trier que vous pouvez avoir une idée claire de toutes vos possessions et identifier les catégories auxquelles elles appartiennent. Ainsi, l'espace de rangement devrait être considéré comme temporaire jusqu'à la fin du tri.

Un point important de ce procédé est de tout regrouper dans une catégorie, que ce soit les fournitures de bureau ou les produits de santé, de préférence dans une boîte, plutôt que dans des sacs en plastique ou en papier où vous ne pourrez pas voir ce que vous aurez choisi de garder. Cela vous permettra de vous faire une meilleure idée de tout ce qu'il vous reste.

Quand vous aurez terminé votre « évaluation de la joie » pour l'ensemble de vos *komono*, tout ce que vous aurez à faire sera de décider à quel endroit ranger chaque catégorie. Vous aurez peut-être tellement de choses qu'il vous sera impossible de toutes les trier en une journée. Dans ce cas, ce ne sera pas un problème si, pour le moment, vous rangez les boîtes dans le placard pour avoir la place de poursuivre votre vie.

Si, pendant que vous rangez, vous vous retrouvez avec un surplus de boîtes de rangement en plastique, n'hésitez pas à les mettre de côté au lieu de vous en débarrasser, dans un endroit que vous attribuerez aux éléments de rangement. Et pour un juste retour des choses, utilisez-les à la fin pour les objets qui vous resteront à ranger. Il va sans dire que si vous vous êtes beaucoup débarrassé et que vous avez manifestement beaucoup plus de boîtes que nécessaire, n'hésitez pas à jeter immédiatement toutes celles que vous avez en trop.

Rangez par matériau

À vrai dire, ma méthode pour choisir où et comment ranger les choses est plutôt approximative, mais le résultat final n'en semble pas moins coordonné, puisque je tiens compte des matériaux. En planifiant l'organisation générale des espaces de rangement, je garde à l'esprit les matériaux constituant chaque objet, comme le tissu, le papier ou la terre, et je place à proximité les uns des autres les objets faits de matériaux similaires.

Mes trois catégories principales de matériaux sont le tissu, le papier et tout ce qui est électrique, simplement parce que ce sont les plus facilement identifiables, les plus courants et, souvent, les plus éparpillés dans la maison. Je range les objets classés sous « tissu », comme les tabliers, les sacs en textile et les draps à côté des vêtements, représentatifs eux aussi de cette catégorie. Je range les objets comme les documents, les cahiers, les carnets, les cartes postales et les enveloppes à côté des étagères à livres, qui sont les rois de la catégorie « papier ». La catégorie « électrique » est constituée d'appareils électriques, de câbles, de clés USB, etc. Les produits comme les crèmes et les lotions sont classés sous « liquides », les aliments sous « produits alimentaires », et la vaisselle peut être encore sous-catégorisée en « céramique » et « verre ».

En vous basant uniquement sur cette catégorisation par matériaux, il est évident que vous ne pourrez pas tout ranger. Tout d'abord, il est difficile de classer certains articles, car il arrive parfois que ceux d'une même catégorie soient constitués de plusieurs matériaux. Votre mission consistera simplement à garder les matériaux à l'esprit quand vous rangez. Ainsi, vos objets n'en seront que plus ordonnés et votre rangement en sera facilité.

Cette idée m'est venue après avoir essayé un grand nombre de méthodes, et j'ai découvert que lorsque tout est rangé, il en découle une qualité bien différente en matière d'ordre. Chaque matériau est enveloppé de sa propre et unique aura. Par exemple, les objets en tissu et en papier, qui sont faits de matériaux d'origine végétale, respirent et semblent diffuser de la chaleur. Le plastique, en revanche, est bien plus compact. Il ne respire pas du tout et oppresse la cage thoracique. Les télévisions, les câbles d'alimentation et d'autres appareils dégagent une odeur « électrique » légèrement âcre. En regroupant les objets diffusant des ondes similaires, l'impression d'ordre semble s'intensifier, peut-être parce que leur aura est compatible. Il s'agit d'un point sur lequel s'accordent généralement mes clients qui ont essayé de ranger leurs affaires en fonction des matériaux les constituant.

Les maisons où les murs et les éléments de rangement sont en bois donnent une impression très différente de celles principalement meublées avec du mobilier en métal. Cela se vérifie par ailleurs dans les pièces contenant beaucoup de livres, comparées à celles où se trouve un certain nombre d'appareils électriques. Comme les matériaux déterminent l'atmosphère que l'on ressent dans un espace, par conséquent, il est particulièrement important d'en tenir compte quand vous planifierez comment et où ranger vos affaires. Quand j'étais petite, j'avais l'habitude, une fois que toutes les nouilles avaient disparu de mon bol de ramen, de m'amuser à regrouper les gouttelettes d'huile flottant à la surface pour en faire une grosse goutte. Le sentiment de justesse que je ressens quand des objets constitués de matériaux similaires sont rangés au même endroit s'apparente à la satisfaction que j'éprouvais à la formation de ce « continent » huileux sur une mer de ramen.

Remplissez vos tiroirs en vous inspirant du bento japonais

« J'ai vraiment réduit le volume de mes possessions, mais je n'ai toujours pas eu de déclic. J'en déduis que je devrais encore le diminuer, n'est-ce pas ? » Cette question me fut posée par K lors de ma troisième visite chez elle. Elle avait déjà considérablement progressé dans son rangement, mais elle avait l'impression qu'elle n'avait pas terminé.

Au cours du rangement, il arrive un moment où vous vous rendez compte que vous avez juste la quantité de choses qui vous convient. C'est ce que j'appelle « le déclic ». **Il s'agit du moment où, après vous être débarrassé de tout, à part des objets que vous aimez, vous savez que vous avez tout ce qui est nécessaire à votre contentement.** Depuis la publication de mon premier livre, j'ai reçu un certain nombre de messages de lecteurs m'annonçant avec un grand enthousiasme qu'ils étaient parvenus au « déclic ».

Dans certains cas, comme pour K, la cause en est généralement évidente quand j'inspecte le contenu des espaces de rangement. En ouvrant un tiroir, je vois à l'intérieur des vêtements pliés correctement et disposés à la verticale, mais il y reste de la place pour au moins cinq tenues supplémentaires. Le tiroir suivant n'est qu'à moitié rempli. En fait, tous les espaces de rangement paraissent plutôt vides. « J'ai tellement réduit ce que j'avais, m'explique ma cliente, que j'ai pensé devoir garder de la place au cas où j'achèterais autre chose. » Je comprends ce qu'elle veut dire, mais c'est un piège. **Ce qu'il faut appliquer au rangement, c'est la règle des 90 %.** Quand vous avez choisi les objets qui vous tiennent à cœur, l'approche qui convient, c'est de remplir vos tiroirs au point qu'ils soient pleins, mais pas à craquer.

La nature humaine abhorre le vide et veut le combler. En cherchant à n'obtenir qu'un remplissage de 70 %, ou un aspect « spacieux », non seulement on rate ce « déclic », mais avant même de s'en rendre compte, on commence à accumuler les choses qui ne nous procurent aucune joie, et on finit par acheter d'autres éléments de rangement pour finalement se retrouver précisément à la case départ. Si vous n'êtes pas parvenu au « déclic », la meilleure approche sera d'essayer de remplir les espaces libres dans vos tiroirs et vos placards uniquement de la quantité appropriée ; cette action suffira souvent pour que vous preniez instantanément conscience que vous en avez suffisamment.

Cela a fonctionné pour K. Elle a réorganisé ses vêtements de façon à bien remplir ses tiroirs, puis elle a garni tous les espaces libres restants avec du matériel d'écriture et du matériel pour créer des bijoux en perles. Avant même qu'elle s'en aperçoive, les deux tiroirs en plastique qu'elle gardait par terre dans sa chambre étaient vides, et tout s'était bien adapté dans le placard principal.

Quand vous rangez, inspirez-vous du bento japonais. Ce déjeuner en boîte fait partie de la cuisine traditionnelle au Japon, et je pense qu'aucune autre culture au monde ne considère ce repas aussi sérieusement que les Japonais. La présentation est très importante et les aliments colorés sont disposés avec un grand raffinement dans de petits compartiments. Chaque année, d'innombrables recettes sont élaborées spécifiquement pour ces boîtes repas (bento), et une compétition annuelle est organisée à l'échelle nationale pour déterminer quel sera le meilleur bento.

Le bento résume à lui seul l'esthétique unique des espaces de rangement japonais. En voici les concepts essentiels : la séparation des saveurs, la beauté de la présentation, et le parfait ajustement des compartiments. Si vous remplacez « la séparation des saveurs » par « la séparation des matériaux », ranger des choses dans un tiroir suit précisément les mêmes principes que pour remplir un bento.

Une autre erreur que l'on fait couramment en rangeant des choses dans un tiroir, c'est de recourir à beaucoup trop de séparateurs. Par exemple, il est tout à fait acceptable d'y séparer les vêtements en coton de ceux en laine, mais vous n'aurez pas à procéder en insérant à l'intérieur une boîte ou un séparateur. Quand vous rangez vos vêtements, le but est de faire en sorte qu'ils soient bien ajustés les uns par rapport aux autres. Les vêtements fabriqués à partir de fibres textiles d'origine végétale ont besoin d'espace pour respirer, mais pas au point d'en perdre leur chaleur. Rangez-les dans un tiroir en imaginant qu'ils se tiennent par la main, ou que vous les avez placés joue contre joue, et vous éprouverez un sentiment de soulagement intense.

En rangeant les chaussettes et les sous-vêtements, il est périlleux de recourir à des éléments de rangement spécifiques équipés d'espaces individuels pour chaque article, comme une sorte de coffret à sachets de thé. Si vous avez plus que suffisamment d'espace de rangement, le problème ne se posera sans doute pas, mais les compartimenter ainsi sera inefficace, car vous vous retrouverez avec beaucoup d'écarts entre chaque pièce. Pire encore, s'il y a trop d'espace entre vos vêtements, ils vous donneront la sensation d'être glacés et inconfortables. Il est par ailleurs préférable d'éviter de les serrer au point qu'ils ne peuvent plus respirer.

L'exception, ce sont les tissus fins et les synthétiques légers, comme le polyester, qui ont une certaine élasticité et qui ont tendance à s'élargir s'ils sont pliés trop serrés. Je vous conseille de les ranger d'abord dans une boîte plus petite pour les séparer des autres tissus. Dans certains cas, d'autres *komono* qui ne sont pas en tissu, comme les ceintures, seront également mieux présentés s'ils sont rangés avec des séparateurs. Tant que vous pouvez voir d'un coup d'œil ce qui se trouve dans votre tiroir, vous êtes sur la bonne voie. Si vous pouvez aussi en sortir les articles facilement, sans que cela soit une nécessité, ce sera tout de même un avantage.

Les quatre principes du rangement

Regrouper tous les objets d'une même catégorie est la partie la plus « festive » de ce festival que représente le rangement. Cela commence par les vêtements. Quand mes clients empilent sur le sol tous leurs vêtements en un tas énorme et s'emploient à évaluer quels sont ceux qui leur procurent de la joie, il est évident que leur degré d'excitation s'intensifie. « C'est super ! Je commence enfin à comprendre ce qu'est mon critère de joie ! » Mais au moment où nous sommes prêts à ranger chaque chose à sa place, généralement, nous n'en avons plus le temps. « Oh ! Je dois aller chercher les enfants. »

Je préférerais continuer à avancer, étant donné que mes clients sont en plein milieu des festivités, mais au lieu de cela, je leur laisse un peu de travail à faire à la maison. Je leur demande de s'entraîner à ranger jusqu'à notre prochain cours, et je m'assure qu'ils connaissent **les quatre principes : pliez-le, posez-le à la verticale, rangez-le avec les autres, et séparez votre espace de rangement en compartiments de configuration carrée.** Ces principes s'appliquent au rangement des vêtements, ainsi qu'à toutes les autres catégories.

Tout ce qui est mou et pliable devrait être plié. Cela comprend les vêtements, mais aussi les gants, les *komono* en tissu, les sacs en plastique et les filets à linge. Si l'objet vous semble souple et pliable, c'est qu'il contient de l'air, et le fait de le plier vous permettra de l'évacuer. Cela en réduira le volume tout en optimisant la quantité que vous pourrez entreposer.

Tout ce qui peut rester en appui sur la tranche sans basculer devrait être rangé à la verticale dans un tiroir, plutôt qu'à plat, y compris les vêtements une fois pliés, les fournitures de bureau, les boîtes de médicaments et les paquets de mouchoirs jetables. Cela vous permettra de tirer parti au maximum de la hauteur de votre espace de rangement, et ce sera par ailleurs le meilleur moyen de savoir en un clin d'œil ce qu'il contient et à quel endroit.

Rangez les objets de la même catégorie au même endroit. Si vous vivez en famille, pour commencer, triez par personne, puis par catégorie et, pour finir, par type de matériaux. En suivant cet ordre, le processus de rangement en sera considérablement simplifié.

Le dernier principe concerne la division de votre espace de rangement en compartiments de configuration carrée. Une maison est essentiellement constituée d'espaces cubiques, par conséquent, des éléments de rangement et des compartiments de configuration carrée à l'intérieur de ces espaces fonctionneront mieux. Si vous utilisez des boîtes vides pour ranger, il est préférable d'en choisir de forme carrée plutôt que ronde.

Si la sélection de ce qui vous procure de la joie est si prenante que vous risquez d'en oublier l'application des quatre principes en totalité, contentez-vous de vous concentrer sur les deux premiers : « Si c'est plié, ce sera bien ! Si ça tient debout, ce sera bien ! » Faites-en votre mantra pour le rangement, et soyez sûr que vous découvrirez que vous avez besoin de beaucoup moins de place que prévu, et que le contenu de vos tiroirs sera en un rien de temps impeccablement rangé.

Pliez vos vêtements comme de l'origami

Une cliente, que j'appellerai « E », s'employait à ranger ses vêtements. Après avoir terminé l'« évaluation de la joie » et à la suite d'un cours sur les bases essentielles, elle s'était mise à les plier. En règle générale, mes clients plient eux-mêmes leurs vêtements, mais s'il y en a beaucoup, je les aide. Nous nous sommes mises au travail en silence, assises côte à côte à même le sol de sa chambre, où étaient empilés en tas gigantesques les vêtements qu'elle souhaitait garder, et les sacs remplis de ceux auxquels elle avait dit adieu.

Je pliai une parka à capuche, un tee-shirt avec des fronces et un gros ruban sur le devant, un cache-cœur en jersey à manches ornées de garnitures, un haut en tricot à manches chauve-souris qui me fit penser à un écureuil volant, un cardigan à manches allongées triangulaires... Après une dizaine de minutes, quelque chose m'intrigua. E semblait avoir tant de vêtements de forme originale. Je continuai à plier, mais cette fois, en gardant un œil sur ce qu'elle faisait. Elle plia un simple tee-shirt, suivi d'un bustier, mais quand elle prit un boléro asymétrique tricoté, elle le déposa sur ma pile. Voilà pourquoi elle semblait avoir tant de pièces originales ! Tous les vêtements de forme bizarre et difficile à plier s'y retrouvaient.

« Attendez une minute, E ! » m'exclamai-je.

« Je suis désolée, répondit-elle. Je ne peux pas m'en empêcher. Jamais je n'arriverai à plier ce genre de chose. »

Dans les tendances de la mode d'aujourd'hui, on voit de plus en plus d'ourlets et de manches de forme tout aussi irrégulière que singulière. En voyant les cardigans à large encolure et de forme bizarre actuellement en vogue, on pourrait se demander s'il est possible de les plier, alors que ces manches aussi molles que des algues vous incitent à baisser les bras. Cependant, le secret pour plier les vêtements de forme originale est le suivant : n'abandonnez jamais. Les vêtements ne sont que des morceaux de tissu rectangulaires cousus ensemble. Indépendamment de leur design, vous pourrez tous les plier en rectangle. Si vous tombez sur un vêtement de forme bizarre, prenez une profonde inspiration, restez calme, puis étalez-le sur le sol ou sur une grande surface plane, vous pourrez ainsi en voir la découpe. Cela vous permettra de constater où du tissu a été ajouté pour donner du volume, ainsi que la façon dont le vêtement a été assemblé. De ce point de vue, sa forme aura beaucoup plus de sens et ne sera plus décourageante.

Lorsque vous en aurez saisi la forme, suivez ensuite les règles de base, en repliant les deux manches vers la ligne centrale du vêtement pour composer un rectangle. Si elles sont particulièrement larges, pliez-les plusieurs fois afin qu'elles ne dépassent pas du bord du rectangle. Lorsque vous aurez plié le vêtement en un rectangle allongé, avec la partie principale (le corps) au centre, pliez-le en deux dans la longueur, puis une ou deux fois encore.

Plier sera plus efficace si vous procédez comme s'il s'agissait d'un origami. À chaque pli, faites glisser la main sur l'ensemble du vêtement en un geste réconfortant, avant de passer au prochain pli. Bien que vous n'ayez pas à marquer de plis nettement visibles en appuyant l'ongle le long du bord comme dans la technique de l'origami, en exerçant fermement une certaine pression, le vêtement conservera sa forme un moment. Avez-vous l'impression que cela représente tant de travail que vous pourriez être tenté d'abandonner à mi-parcours ? Ne vous inquiétez pas. Essayez ne serait-ce qu'une fois de plier vos vêtements soigneusement et correctement, et la prochaine fois, ce sera d'autant plus facile, comme s'ils se souvenaient de la forme dans laquelle vous les aviez pliés. Un mois après vous y être exercé, vous n'aurez plus besoin de les plier sur une surface plane, mais vous serez capable de le faire sur vos genoux ou même sans aucun support. Après tout, la plupart des Japonais savent plier des grues en papier comme si ce n'était pas plus compliqué que ça.

Le secret, c'est de vous servir de la paume de votre main. Si vous n'aviez l'habitude de plier qu'avec le bout des doigts, essayez avec votre paume, qui diffuse une sorte de « puissance manuelle » chaleureuse. Cette chaleur contribue au redressement des fibres textiles constituant le vêtement en le tendant comme du papier, ce qui vous facilitera la tâche pour le plier comme s'il s'agissait d'un origami. En lissant le tissu avec votre paume, puis en pliant vos vêtements comme un origami jusqu'à ce qu'ils soient devenus plus petits que vous ne vous y seriez attendu, ils acquerront une certaine rigidité et ne risqueront pas de s'avachir, ainsi, vous pourrez les ranger à la verticale.

À propos, ne pliez pas les vêtements des enfants comme ceux des adultes, étant donné que cela produirait des petits paquets si épais qu'il leur serait impossible de rester pliés. Réduisez plutôt le nombre de plis jusqu'à ce que vous obteniez la forme rectangulaire qu'ils pourront le mieux conserver sans se défaire.

Tout ce que vous devez savoir sur la méthode de pliage KonMari

Si vous parvenez à faire un rectangle en repliant les bords latéraux vers la ligne centrale du vêtement, vous aurez maîtrisé à 90 % la méthode de pliage KonMari. Indépendamment du type de vêtement, voilà l'objectif à atteindre. Le fait de plier un vêtement me rappelle souvent les moines bouddhistes qui sculptent des statues. Ils regardent attentivement une pièce de bois, puis quand ils y ont discerné la forme de la figurine, ils la travaillent jusqu'à ce qu'elle en émerge. Tout en sachant qu'il s'agit d'une tout autre dimension, l'idée est à peu près la même. Étalez le vêtement, regardez-le soigneusement et, lorsque vous aurez repéré la forme rectangulaire qui s'y trouve, repliez vers l'intérieur tout ce qui se situe à l'extérieur de ce rectangle.

MÉTHODE DE PLIAGE DE BASE
Repliez les deux bords latéraux du vêtement vers la ligne centrale pour constituer un rectangle.
Pliez le rectangle en deux dans la longueur.
Pliez-le encore en deux ou en trois.

Le premier rectangle est de configuration plutôt allongée. En le pliant en deux, cela permettra de renforcer la forme du vêtement. En pliant, prenez la partie plus fine ou plus faible du vêtement, qui se trouve être l'encolure pour les hauts, et les jambes pour les pantalons. Au lieu de le plier jusqu'au bord de la partie disposée en dessous, laissez un petit écart. À la suite de ces deux étapes, vous obtiendrez une forme plus rigide, plus nette. Par conséquent, je vous prie d'ajuster la partie que vous tenez et la largeur de l'écart en fonction du vêtement. Ensuite, tout ce qu'il vous reste à faire, c'est de définir la hauteur en le pliant encore dans la longueur, soit en deux, soit en trois pour la plupart des vêtements. Je vous conseille de plier ceux qui sont très longs quatre ou cinq fois en totalité. Il y a de nombreuses petites astuces de pliage, mais pour l'essentiel, vous l'aurez fait correctement si vous obtenez au final un rectangle impeccable sans surépaisseurs.

Méthode de pliage de base

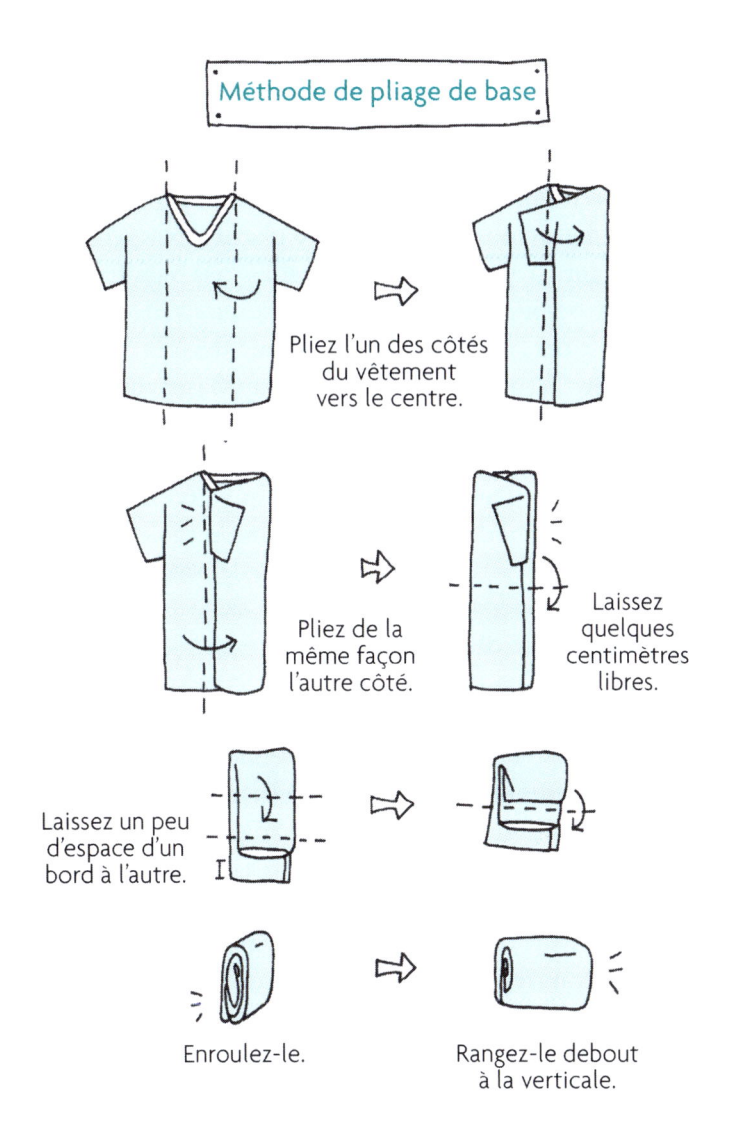

Pliez l'un des côtés du vêtement vers le centre.

Pliez de la même façon l'autre côté.

Laissez quelques centimètres libres.

Laissez un peu d'espace d'un bord à l'autre.

Enroulez-le.

Rangez-le debout à la verticale.

Vous pourrez ranger ces rectangles à la verticale dans vos tiroirs, mais avant cela, vérifiez qu'ils se maintiennent bien dans cette position debout en les posant chacun au sol. S'ils ne basculent pas quand vous les lâchez, ils auront passé le test et ne s'effondreront pas quand ils seront rangés dans vos tiroirs, même si vous en sortez ou y placez des vêtements.

Cependant, si l'un d'eux est instable, cela signifie que les plis auront besoin d'être réajustés. Il se pourrait que le rectangle soit trop large ou que la hauteur des plis effectués à l'étape 2 ou 3 soit trop élevée ou trop basse, ce qui aura surépaissi le rectangle. Pour certains vêtements, cela fonctionnera sans doute mieux si vous sautez la deuxième étape et passez directement au pliage en trois. En vous exerçant, vous trouverez la méthode qui s'applique impeccablement à un vêtement donné – ce que j'appelle « le stade décisif du pliage ».

Il y a bien sûr des exceptions. Par exemple, la première étape pour certains types de vêtements consistera à les plier en deux dans la longueur. Si je vous recommande dans ma méthode de base de commencer par replier les bords latéraux vers le centre pour former un rectangle, c'est afin d'éviter de froisser le centre du vêtement, et d'avoir à le repasser. Vous pourrez cependant plier en deux dans la longueur les vêtements qui restent soignés malgré un centre froissé, et ceux qui sont en tissus côtelés ou froissés permanent, pour lesquels de toute façon, les plis ne se voient pas, et les cardigans ou d'autres vêtements déjà conçus avec un pli marqué ou une ligne au centre. Les plis n'ont par ailleurs généralement aucune incidence sur les tenues de sport.

Certains vêtements, même une fois pliés correctement, ne restent pas debout à la verticale. Les tissus fins et légers, comme le polyester, mous ou compacts, comme la polaire et les tricots épais, ne conserveront pas leur forme dans cette position. Au lieu d'essayer de les contraindre à demeurer à la verticale, posez-les à plat après les avoir pliés. Vous trouverez au chapitre 4 des instructions pour le pliage de certains vêtements spécifiques.

Organisez l'espace de rangement avec l'intention de vous débarrasser des meubles de rangement

Bien que les détails les plus subtils dépendent de l'agencement de votre intérieur, il existe deux règles immuables pour décider où ranger : **utilisez d'abord les éléments de rangement intégrés, et commencez par ranger les objets d'un certain volume**.

En premier lieu, expliquons comment faire usage des éléments de rangement intégrés. Cependant, tout d'abord, rappelez-vous le mode de vie idéal que vous avez visualisé quand vous vous êtes engagé dans votre marathon du rangement. Si vous avez des photos ou des illustrations provenant de magazines, regardez-les attentivement. Je suis certaine que vous serez nombreux à remarquer que votre idéal était plus spacieux et mieux ordonné que ce que vous pouvez constater chez vous à l'heure actuelle. Alors, que faire pour que votre espace de vie soit plus spacieux ? La réponse est simple : débarrassez-vous des meubles. Cependant, par « meubles », je ne veux pas parler de votre lit ni de votre canapé, mais de tous ceux que vous utilisez pour le rangement.

J'entends déjà mes clients me dire : « Impossible ! » Mais je vous assure, c'est tout à fait possible. Quand je donne des cours, je n'ai pas la moindre intention d'utiliser d'autres espaces de rangement que ceux qui se trouvent déjà dans la maison. Indépendamment de son état actuel, quand j'imagine à quoi elle pourrait ressembler une fois que tout est bien rangé, je visualise chaque pièce précisément telle qu'elle était à la fin de la construction de la maison. J'envisage à quoi elle ressemblera une fois que toutes les boîtes en plastique transparent et les étagères à livres qui occupent la surface au sol auront été rangées dans les placards et les armoires, la laissant comme neuve. Mes clients ont du mal à croire que c'est à cela que leur espace de vie ressemblera, mais je ne me trompe que très rarement. Il arrive parfois qu'un(e) client(e) possède en fait beaucoup d'objets qui lui procurent de la joie, ce qui donne un résultat légèrement différent de ce que j'avais anticipé. Cependant, du moment que je procède avec l'image de la maison à la fin de sa construction, au final, j'atteins un résultat bien meilleur.

Pour un rangement réussi, commencez par remplir les espaces de rangement intégrés, en supposant qu'ils pourront accueillir toutes vos possessions. En plus des placards et des armoires, je considère également comme rangement intégré les éléments fixés aux meubles, par exemple les tiroirs sous les lits ou les étagères du meuble télé. Vous pourrez aussi y inclure toute pièce de mobilier dont vous n'avez aucune intention de vous débarrasser, comme une coiffeuse ou une armoire de famille. S'il n'y a pas chez vous d'espaces de rangement intégrés, vous pourrez utiliser certains de vos meubles, l'un après l'autre, en commençant par ceux qui vous inspirent le plus de joie.

Quant à la deuxième règle – ranger en premier les objets volumineux –, il s'agit de ranger tout simplement les articles de grande dimension, comme les tiroirs en plastique transparent où vous rangez vos vêtements pliés, les articles saisonniers comme les appareils de chauffage d'appoint et les ventilateurs ainsi que les portants à vêtements. D'abord, mettez tous ces objets dans les espaces de rangement intégrés. Si vous décidez plus tard que l'un d'eux serait davantage à sa place dans la pièce, vous pourrez le déplacer. Mais en rangeant d'abord ces objets volumineux dans les placards et les armoires, puis en mettant les objets plus petits dans les espaces qui restent, vous stimulerez votre cerveau et le forcerez à « penser le rangement », et de là devrait découler des solutions on ne peut plus adaptées. Les gens sont souvent surpris d'entendre qu'il est plus facile de ranger les choses quand l'espace est limité, mais à mon sens, les restrictions obligent notre cerveau à réfléchir à son plein potentiel pour concevoir des espaces de rangement plus judicieux.

Grâce à un rangement qui vise la perfection, un arc-en-ciel se tisse dans votre maison

Ce livre vous suggère une façon dont ranger les objets que l'on rencontre couramment, dans la plupart des foyers, mais qui peuvent présenter certaines difficultés quand il s'agit de leur trouver une place. Pour les *komono* qui n'ont pas été mentionnés, tant que vous suivez la première règle, la plus importante, préconisant de procéder au rangement par catégories, vous êtes sur la bonne voie. N'hésitez pas à créer des catégories à votre convenance pour regrouper ces objets qui ne peuvent être répertoriés sous ces dénominations : « fournitures de bureau », « câbles électriques », « médicaments » et « outils ». Par exemple, les amateurs d'art souhaiteront peut-être créer une catégorie « fournitures d'art ». Si vous êtes comme l'une de mes clientes qui adore collectionner les étiquettes au point qu'elle en a rempli deux tiroirs, vous pourrez leur créer une catégorie à part. Pour une personne ayant de nombreux centres d'intérêt et tout l'équipement qui va avec, passant par exemple de la calligraphie à la couture, il sera judicieux de créer une catégorie plus générale, intitulée par exemple « matériel de loisirs ». Voici une solution standard pour la lessive et les éponges en excédent qui ne trouveront pas leur place là où vous les rangez habituellement : attribuez-leur une catégorie à part pour les « consommables », ainsi que tout un tiroir dans un placard ou un débarras.

Souvenez-vous de ranger les choses de même nature ensemble. Le rangement devrait se faire tout en douceur si, à chaque fois, vous repassez par cette étape. Certaines personnes rangent leur appareil photo numérique à côté de leur équipement informatique, car pour eux ils diffusent les mêmes ondes électromagnétiques, alors que pour d'autres, il est logique que leur ordinateur ait pour voisines les fournitures de bureau, étant donné que pour ces personnes ces deux catégories sont classées sous la catégorie plus vaste des « objets utilisés au quotidien ». Ce procédé s'apparente vraiment à un jeu d'association de mots. Au fil de votre progression, vous ne tarderez pas à constater que les objets similaires se retrouvent naturellement les uns à côté des autres. En réalité, des catégories apparemment distinctes se chevauchent légèrement, comme en un « dégradé » d'interactions. En recourant à votre intuition pour vous en faire une idée, en identifiant ces rapports qu'elles entretiennent entre elles et en rangeant les objets similaires au même endroit, ce « dégradé » se fera d'autant plus évident. Dans ce sens, ranger vos possessions s'apparentera à tisser un magnifique arc-en-ciel dans votre maison. Et comme il s'agit de dégradé, si les limites entre catégories restent un peu floues, il n'y a aucune raison de vous en inquiéter.

Finalement, vous aurez atteint votre objectif si vous savez où est la place de tout ce qui se trouve chez vous, et également si cette disposition vous semble naturelle, ainsi qu'à vos objets. **Si votre intuition vous dit que tel endroit est le bon emplacement, alors, du moins pour le moment, cela est très certainement vrai.** En cherchant à déterminer à quelle catégorie appartient un objet, et à quel endroit le ranger, il est important de ne pas trop y réfléchir en profondeur. Tant que vous avez choisi les objets que vous aimez, détendez-vous et appréciez la suite du processus.

Je peux dire avec certitude qu'il n'y a pas de tâche plus agréable que de ranger. Vous créerez chez vous un environnement pour les choses que vous aimez tout en découvrant ce qui les relie. Alors que cela pourrait ne pas vous sembler concret, cette approche intuitive du rangement est le meilleur moyen, et le plus simple, de faire en sorte que votre espace de vie soit confortable pour vous. En y remettant de l'ordre, vous le ferez revenir à son état naturel, ce qui, de fait, s'apparente à une facette naturelle de votre personnalité.

Deuxième partie

L'ENCYCLOPÉDIE DU RANGEMENT

4

Ranger les vêtements

Votre marathon du rangement commence par les vêtements. Rassemblez-les tous, fouillez partout dans votre maison, et empilez-les au même endroit. Procédez rapidement et systématiquement, comme un robot. Une fois que vous penserez avoir terminé, regardez-les une dernière fois en vous demandant : « Est-ce que c'est vraiment tout ? » Auriez-vous par hasard égaré quelque chose qui s'est retrouvé dans un tiroir qui n'est pas le vôtre ? Soyez prêt à vous débarrasser de tout ce que vous auriez pu oublier, sauf les vêtements qui sont actuellement dans le bac à linge.

Les hauts

Une fois que vous aurez une grosse pile de vêtements sous les yeux, il sera temps de procéder à l'« évaluation de la joie ». Prenez chacun d'eux entre vos mains et sélectionnez ceux qui vous inspirent ce sentiment. Comme je vous l'ai expliqué au premier chapitre, commencez par les hauts, car c'est ce que vous portez près de votre cœur et cela vous permettra d'évaluer plus facilement si vous éprouvez de la joie ou non. Vous pouvez aussi définir ce qui vous procure de la joie par ce qui vous rend heureux. Si vous aimez une tenue parce qu'elle vous tient chaud, par exemple, gardez-la sans la moindre hésitation.

Si vous pensez que vous ne porterez plus un vêtement, remerciez-le pour tout ce qu'il a fait pour vous et dites-lui au revoir. Mettez dans un sac tous ceux qui n'éveillent plus en vous une étincelle de joie, et donnez-les à une association caritative, ou confiez-les à un dépôt-vente.

Comment plier les chemises

Vous trouverez page 92 les instructions de pliage de base pour les hauts à manches courtes.

Pour les hauts à manches longues, lorsque vous aurez déterminé la largeur du vêtement une fois plié, suivez le procédé de base en repliant les bords latéraux vers le centre pour former un rectangle. L'astuce consiste à replier complètement les manches vers le bord opposé, puis à les replier vers le bas en suivant le bord latéral du vêtement. Votre objectif, c'est d'éviter que les manches se superposent, ce qui produirait davantage de volume.

Dans mon premier livre, j'explique que la façon de plier les manches dépend de vous, ce que j'enseigne également

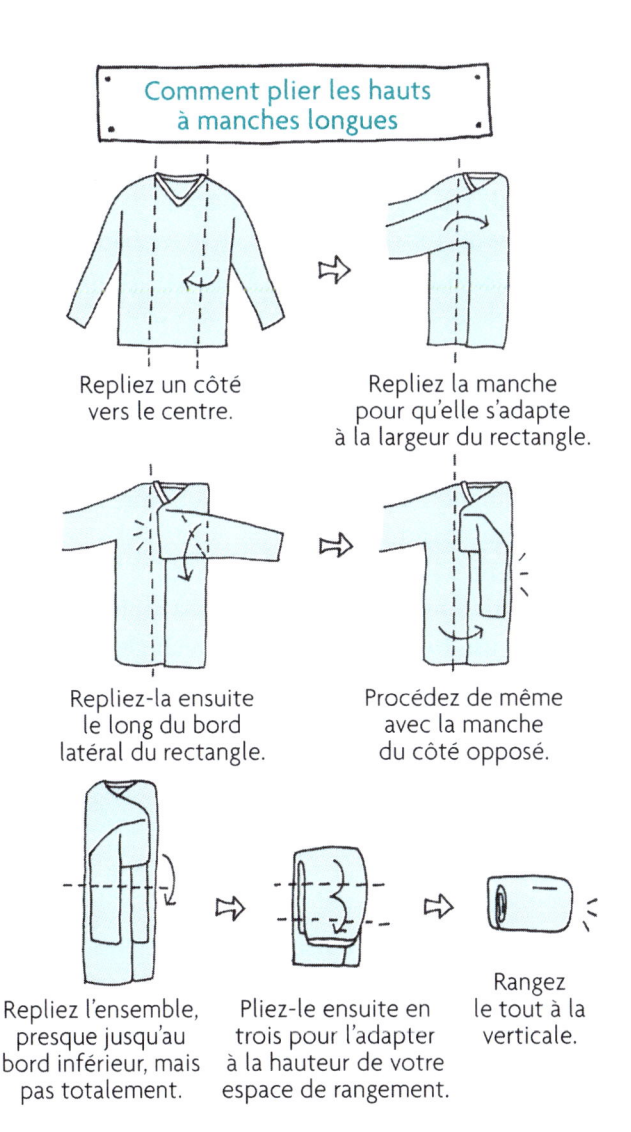

Comment plier les hauts à manches longues

Repliez un côté vers le centre.

Repliez la manche pour qu'elle s'adapte à la largeur du rectangle.

Repliez-la ensuite le long du bord latéral du rectangle.

Procédez de même avec la manche du côté opposé.

Repliez l'ensemble, presque jusqu'au bord inférieur, mais pas totalement.

Pliez-le ensuite en trois pour l'adapter à la hauteur de votre espace de rangement.

Rangez le tout à la verticale.

à mes clients lors de mes consultations privées. Pendant de nombreuses années, croyant que je pliais les manches longues comme tout le monde, je ne voyais pas la nécessité de l'expliquer en détail. Cependant, quand j'ai fait la démonstration de cette méthode à une journaliste envoyée par un magazine, elle s'est étonnée : « N'est-ce pas là une façon originale de les plier ? » Pour la première fois, je me suis alors rendu compte que la plupart des gens plient les manches sur les côtés en les superposant deux ou trois fois. Mon procédé pourrait ne pas vous sembler bien différent, mais je vous conseille vivement de l'essayer. Quand vous passerez la main sur le vêtement plié, vous ne manquerez pas de remarquer que vous ne sentez quasiment pas de surépaisseurs au niveau des manches, et que le vêtement restera plié sans problème.

Pour un haut à manches chauve-souris, repliez celles-ci afin d'obtenir en un rien de temps un rectangle, comme vous feriez normalement pour tout autre vêtement. S'il y a des volants au bout de la manche, pliez l'ensemble en deux de telle sorte qu'ils se retrouvent à l'intérieur.

Comment plier les hauts à bretelles

Les bretelles des hauts ne sont ni des extensions, ni de la décoration. Sans elles, le vêtement ne serait pas très efficace, alors considérez-les comme une partie intégrante de l'objet. Cela signifie que lorsque vous aurez replié les côtés, de telle sorte que sa largeur finale corresponde à un tiers de sa largeur initiale, vous devrez plier l'ensemble en deux, y compris les

Comment plier les hauts de forme originale

Repliez les manches pour former un rectangle, puis procédez comme d'habitude.

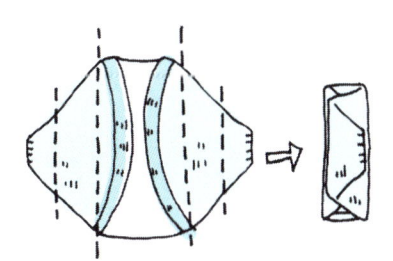

Vous pouvez parfaitement plier le vêtement en deux pour commencer, avant de le plier à nouveau pour obtenir un rectangle.

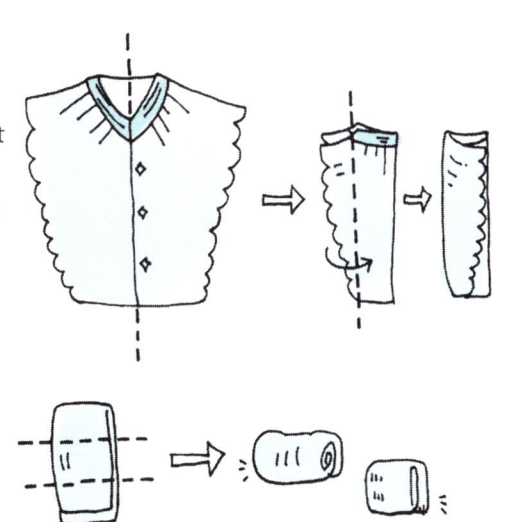

Quand vous aurez formé un rectangle, pliez le tout comme d'habitude à la hauteur qui vous convient.

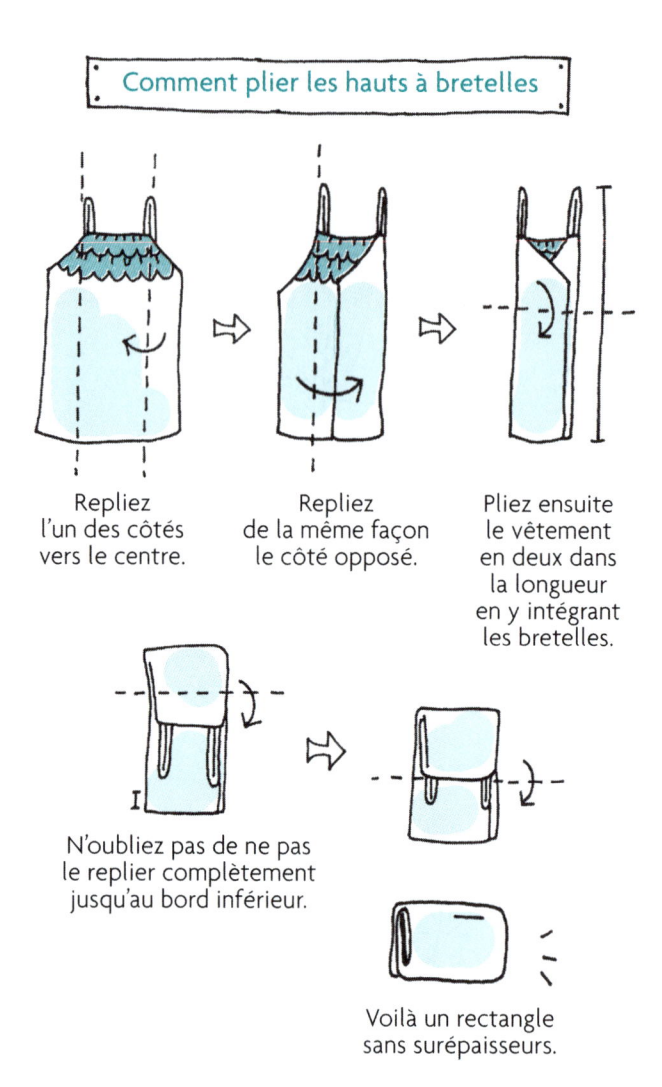

Comment plier les hauts à bretelles

Repliez
l'un des côtés
vers le centre.

Repliez
de la même façon
le côté opposé.

Pliez ensuite
le vêtement
en deux dans
la longueur
en y intégrant
les bretelles.

N'oubliez pas de ne pas
le replier complètement
jusqu'au bord inférieur.

Voilà un rectangle
sans surépaisseurs.

bretelles. De là, suivez les instructions habituelles de pliage afin d'ajuster l'objet fini à la hauteur désirée. Les tissus nervurés, à la structure complexe ou très fins rendent la tâche peu aisée pour ce type de vêtement. Il est difficile de les plier en trois au cours de la première étape. Dans ce cas, pliez l'ensemble en deux, tout simplement.

Les hauts en polyester ou en tissu léger ne pourront être rangés à la verticale si vous les pliez suivant la méthode habituelle. Commencez comme d'habitude en repliant les côtés vers le centre, puis en pliant le vêtement en deux dans la longueur. À ce stade, enroulez-le à partir du pli, ainsi, il restera roulé plus facilement. Dans de nombreux cas, il ne tiendra toujours pas à la verticale sans support, mais au lieu de le lui reprocher, reconnaissez que son charme réside dans le fait qu'en l'état, il prend tellement peu de place que vous pourrez facilement le glisser dans tous les petits espaces de votre élément de rangement, où les autres vêtements le maintiendront en place. Cette astuce fonctionne également pour tous les vêtements souples, comme les hauts en soie.

Comment plier les parkas et les pulls à col roulé

Comme d'habitude, repliez les deux côtés vers le centre du vêtement pour former un rectangle. Puis repliez dans ce rectangle la capuche ou le col roulé qui en dépasse. La forme en sera simplifiée et, à partir de là, vous n'aurez plus qu'à plier le vêtement pour l'adapter à votre élément de rangement. Si le col roulé n'est pas particulièrement haut, le rectangle sera

Comment plier les parkas

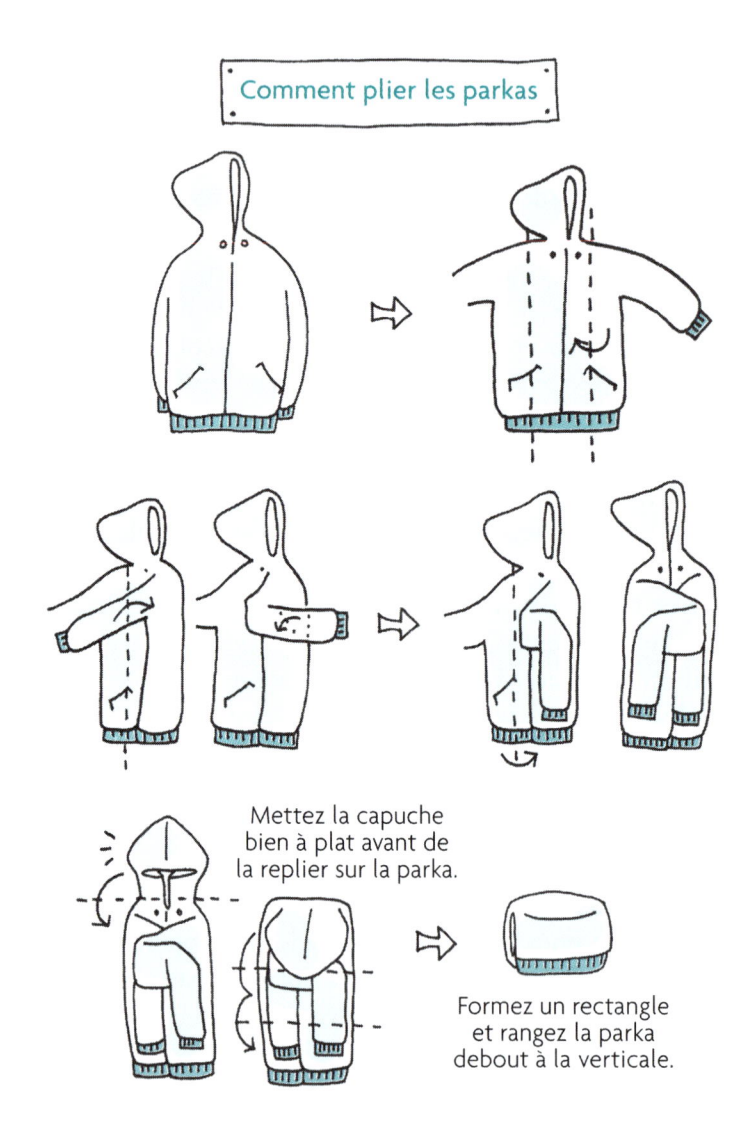

Mettez la capuche bien à plat avant de la replier sur la parka.

Formez un rectangle et rangez la parka debout à la verticale.

encombré si vous l'y repliez. Dans ce cas, contentez-vous de plier le pull comme d'habitude, sans y intégrer le col.

Comment plier les hauts épais

Si en vue de les ranger debout à la verticale, vous essayez de plier en paquets compacts des vêtements épais, volumineux, comme des pulls torsadés ou des polaires, ils ne prendront de toute façon que davantage de volume à cause de l'air, alors pliez-les sans trop serrer. Si vous ne pouvez pas les ranger à la verticale dans votre tiroir, vous pourrez sans problème les y poser à plat. Cependant, même en étant correctement pliés, ils prennent beaucoup de place, par conséquent, quand ils ne sont pas de saison, il sera préférable de les ranger après les avoir un peu plus compactés.

Leur volume est constitué d'air pour moitié, de ce fait, la meilleure solution sera de les ranger dans un sac où ils seront bien serrés, comme un sac à provisions en tissu ou à cordon coulissant. En le fourrant dans le sac, appuyez bien sur le vêtement pour en évacuer l'air au maximum. N'importe quel sac fera l'affaire, à partir du moment où il est fait de tissu tissé plutôt que non tissé, ou vous pourrez aussi utiliser un furoshiki (un carré de tissu d'emballage traditionnel japonais), ou un grand foulard. Le secret, c'est d'employer un emballage deux fois trop petit pour que l'air soit évacué du vêtement comme avec un sac sous vide.

Comment plier les vêtements épais hors saison

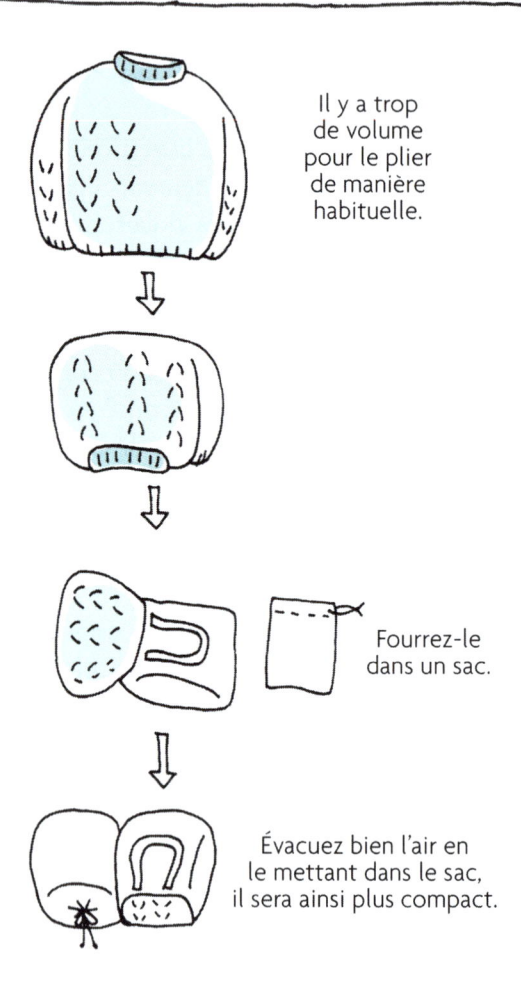

Il y a trop de volume pour le plier de manière habituelle.

Fourrez-le dans un sac.

Évacuez bien l'air en le mettant dans le sac, il sera ainsi plus compact.

Comment plier les hauts ornés de passementerie

Ces ornements sont fragiles. Ils se décousent facilement, s'accrochent à d'autres vêtements et peuvent se retrouver endommagés quand on les retire ou les range dans un tiroir. Par conséquent, je vous recommande de les manipuler avec beaucoup plus de soin et d'attention. Quand j'examine des hauts avec plusieurs ornements, je commence par évaluer quelle partie nécessite le plus de protection. Ce type de vêtement devrait être plié de manière à ce que les ornements se retrouvent à l'intérieur. Si l'ornement est placé sur un corsage, pliez-le de façon à ce que la partie sans passementerie se retrouve à l'extérieur. S'il y a des volants, de la dentelle ou d'autres ornements sur la partie basse, quand vous plierez le vêtement en deux après en avoir replié les manches, partez de là plutôt que du col. Vous aurez bien travaillé si vous ne voyez plus d'ornements quand il est plié. Les boutons des cardigans et les cols des polos devraient également être pliés vers l'intérieur afin de les protéger.

Les bas

Triez les bas par catégorie, comme les pantalons, les jeans, les jupes, etc. Si vous vous apercevez que vous avez énormément d'articles d'une même catégorie, par exemple, des jupes blanches ou des jeans, et que vous vous demandez lesquels garder, essayez-les et faites preuve de discernement en réfléchissant à la fréquence à laquelle vous les portez. Si vous n'avez pas mis un certain vêtement depuis des années, il y a de fortes chances que vous ne le porterez plus jamais. Les bas dans votre garde-robe soutiennent la partie inférieure de votre corps, alors choisissez ceux qui vous inspirent de la joie.

La règle, c'est de plier les pantalons en coton, comme les jeans, mais de mettre sur cintre ceux qui sont plus habillés, comme les pantalons de costume ou de tailleur, et ceux à plis marqués. Quand vous suspendez sur cintre des jupes, gagnez de l'espace en en accrochant deux par cintre, en privilégiant un rangement par couleur ou par forme similaire.

Comment plier les pantalons et les shorts

Repliez l'une sur l'autre les jambes du pantalon. Repliez-les ensuite vers la ceinture, à quelques centimètres en dessous, et non bord à bord, puis pliez le tout en trois. Il s'agit de la méthode de base pour plier les pantalons, mais en fonction de leur longueur, je vous prie d'ajuster le nombre de fois où vous plierez les jambes. Vous n'aurez qu'à plier les shorts une fois dans la longueur, puis une fois en deux. Bien que cela puisse vous prendre de court, il sera souvent plus efficace de commencer par plier en trois, puis en deux, ceux ayant davantage de volume, comme les jupes-culottes amples et les shorts en laine.

Si le fond d'un pantalon dépasse après que vous l'avez plié en deux, vous pourrez faire un rectangle plus net en le rabattant sur le pantalon. Cette astuce m'a été donnée par un

Comment plier les pantalons

Si le fond du pantalon dépasse, repliez-le sur les jambes.

Repliez les jambes vers la ceinture, à quelques centimètres en dessous, et non bord à bord.

Rangez votre pantalon plié debout à la verticale.

Comment plier les shorts

Repliez le fond du short sur les jambes.

Pliez le tout en deux dans la longueur.

Pour les shorts en tissus épais, pliez les deux bords latéraux vers le centre.

Puis pliez le tout en deux.

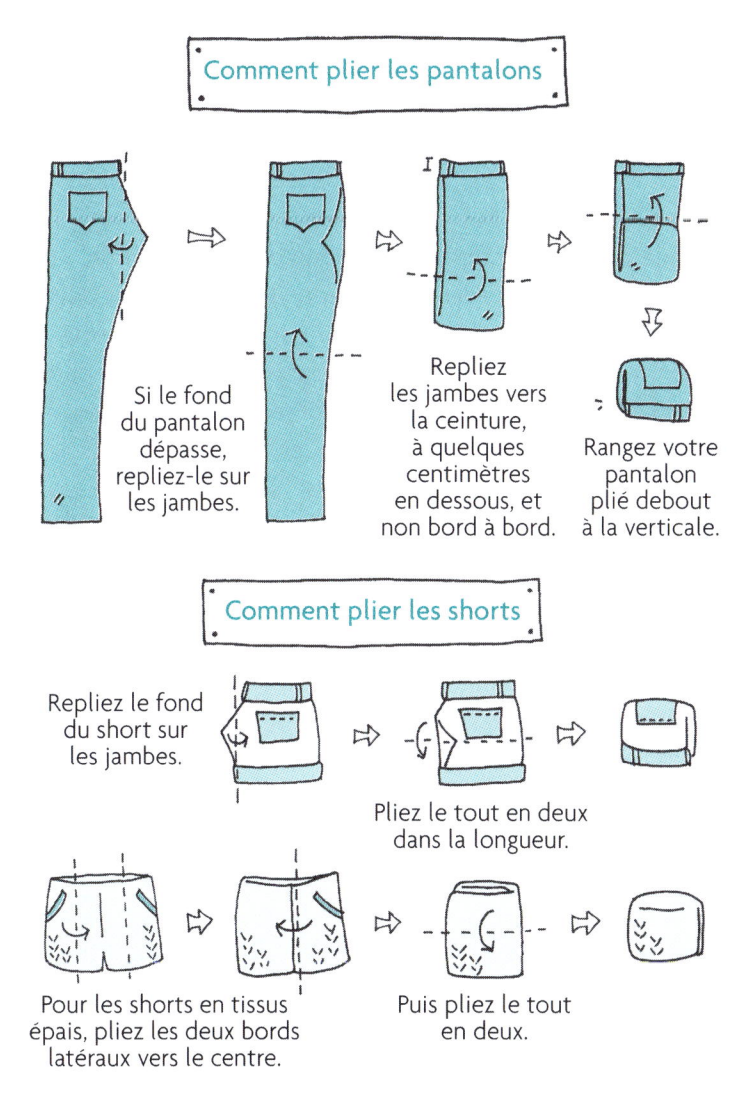

vendeur dans une boutique. Ce fut une révélation pour moi, puisque je ne possède plus un seul pantalon.

Les robes et les jupes

L'une de mes clientes, une brillante femme d'affaires, « une fana de robes » autoproclamée dont le dressing en est complètement rempli, appelle ce vêtement son « uniforme de combat ». Les robes devraient être suspendues sur des cintres pour profiter pleinement de leur aspect visuel qui égaye votre penderie, mais si vous devez les plier, je vous prie de vous référer aux illustrations pour vous guider. Si vous vous demandez si vous devez suspendre ou plier une jupe, en règle générale, ne suspendez que les vêtements qui ont l'air plus heureux sur cintre. Normalement, les jupes flottantes devraient être suspendues, cependant, il n'en demeure pas moins utile et pratique de savoir comment les plier pour ces occasions où vous êtes en voyage, ou si vous n'avez pas assez de place pour les suspendre.

Comment plier les vêtements avec de larges ourlets

Je peux tout à fait comprendre que vous soyez intimidé à l'idée de plier une jupe ou une robe dont le bas est aussi large que le pied du mont Fuji. Mais indépendamment de sa largeur manifeste, n'ayez crainte. Mettez le vêtement bien à plat,

Comment plier les robes

Quelle que soit l'ampleur de la jupe, pliez-la de façon à former un rectangle.

Pliez le rectangle dans la longueur, mais pas bord à bord, puis pliez-le à nouveau en deux dans la longueur.

Pliez ou enroulez la robe pour l'ajuster à la hauteur de votre espace de rangement.

Comment plier les jupes

Pliez-la de façon à former un rectangle.

Pliez-la en deux en laissant un écart entre la ceinture et le bas, puis pliez-la à nouveau deux ou trois fois, ou enroulez-la pour l'ajuster à la hauteur de votre espace de rangement.

Votre jupe devient à son tour un rectangle.

calmement, et vous constaterez que, comme tout autre vêtement, ce n'est qu'une combinaison de tissu, il n'est constitué que de deux triangles et d'un rectangle cousus ensemble. Tout ce que vous aurez à faire, c'est de replier les pièces triangulaires de chaque côté à l'intérieur du rectangle.

Si le bas de la jupe ou de la robe est excessivement large, vous pourrez ajuster en pliant les pièces triangulaires plusieurs fois. Si le tissu est trop fin et trop léger, commencez par plier le vêtement en deux dans la longueur. Tant que vous obtenez un rectangle, vous pourrez ensuite suivre l'ordre habituel en le pliant en deux, puis plusieurs fois encore, ou en l'enroulant jusqu'à la hauteur désirée.

Les vêtements à suspendre

Les vêtements en tissus plus épais, comme les vestes, les costumes, les tailleurs et les manteaux, doivent être suspendus sur des cintres, ainsi que tout article difficile à plier ou qui se froisse facilement, comme les chemises et les vêtements en tissu léger.

Certains des articles suspendus dans votre penderie vous ont sans doute coûté cher, ce qui pourrait expliquer votre réticence à vous en séparer. Cependant, c'est précisément le moment de procéder encore plus sérieusement à l'évaluation de la joie. Si ces vêtements ne vous procurent aucune joie quand vous les tenez entre vos mains, mais que vous n'arrivez pas à vous en séparer, essayez-les. Placez-vous devant le miroir et demandez-vous : « Est-ce que je voudrais porter ça pour sortir ? » Faites preuve d'objectivité en y réfléchissant.

En suspendant des vêtements, assurez-vous de les disposer du plus long au plus court, de gauche à droite. Regroupez les vêtements de la même catégorie : les manteaux avec les manteaux, les tailleurs avec les tailleurs, les vestes avec les vestes, etc.

Les chaussettes, les bas et les collants

Rassemblez non seulement les chaussettes et les collants que vous mettez régulièrement, mais aussi tout article de rechange toujours dans son emballage. Si vous en avez beaucoup, triez-les par catégorie : chaussettes, bas, collants et leggings. Pour certaines personnes, porter des chaussettes trouées ou des collants bouloché n'est pas très grave, mais elles feraient aussi bien de déclarer : « Cette journée n'a pas vraiment d'importance. » Vos pieds supportent votre poids jour après jour et vous permettent de continuer votre vie, et ce sont vos chaussettes qui les bercent. Celles que vous portez chez vous sont particulièrement importantes, car il s'agit des points de contact entre votre corps et votre espace de vie, alors choisissez celles qui vous permettront d'apprécier d'autant plus agréablement le temps que vous passerez chez vous.

Quelle cruauté de rouler vos chaussettes et vos bas en boule, ou de les nouer ! Je vous en prie, mettez un terme à ce genre de pratique dès aujourd'hui.

Comment plier les chaussettes

Posez vos chaussettes l'une sur l'autre et, en fonction de leur longueur, pliez-les autant de fois que nécessaire. Cet article, le plus simple à plier, sera un bon point de départ pour enseigner la méthode de pliage à vos enfants.

Comment plier les bas

Tout d'abord, posez chaque jambe l'une sur l'autre, puis pliez-les en trois en partant du pied. Terminez en les enroulant comme un rouleau de sushi, puis rangez-les à la verticale. Étant donné que les bas se déroulent facilement, il sera plus efficace de les ranger à la verticale dans une boîte munie de séparateurs que vous placerez dans un tiroir.

Comment plier les collants épais

Les collants ont la même forme que les bas, mais s'ils sont relativement épais, pliez-les comme un pantalon au lieu de les enrouler comme des bas, qui ne sont enroulés que parce qu'ils sont trop fins pour rester correctement pliés. Si, en enroulant des collants, vous vous apercevez qu'ils sont trop épais ou trop raides, cela vous indiquera qu'ils préfèrent être pliés.

Les sous-vêtements

La catégorie des sous-vêtements regroupe non seulement les slips, culottes et soutiens-gorge, mais aussi d'autres articles, comme les sous-vêtements longs d'hiver et les nuisettes. Les sous-vêtements sont de loin ce que mes clientes souhaitent le plus remplacer quand elles ont terminé de ranger. Ils sont par définition invisibles de l'extérieur, mais

Comment plier les chaussettes, les collants et les bas épais

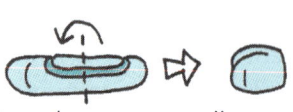

Posez les socquettes l'une sur l'autre, puis pliez-les en deux.

Posez les chaussettes l'une sur l'autre, puis pliez-les en trois.

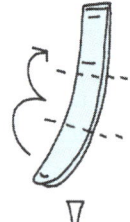

Posez les mi-bas l'un sur l'autre, pliez-les en deux, puis encore en deux ou en trois en fonction de leur longueur.

Pour les collants épais, repliez une jambe sur l'autre, pliez-les en deux dans la longueur, puis encore, en fonction de leur longueur.

Pour les collants, repliez une jambe sur l'autre, puis pliez-les en trois dans la longueur.

Enroulez-les.

étant donné qu'ils sont directement en contact avec votre corps, je vous conseille d'intensifier au maximum votre « détecteur de joie » quand vous choisirez ceux que vous voulez garder. Même si certains sont ordinaires et essentiellement pratiques, s'ils vous rendent heureux en vous procurant de la chaleur ou que vous les trouvez confortables à porter, ils appartiendront incontestablement à la catégorie des vêtements qui vous procurent de la joie.

Comment plier les sous-vêtements

Quand vous plierez des culottes, souvent fabriquées en tissu léger et vaporeux, vous vous en sortirez mieux en veillant à ce qu'elles occupent le moins de place possible. L'entrejambe, la partie la plus délicate, doit être replié vers l'intérieur, et en ce qui concerne les ornements, comme un ruban au milieu de la ceinture, je vous suggère de plier ce sous-vêtement de façon à ce qu'ils demeurent visibles de l'extérieur. Commencez en posant bien à plat une culotte, l'arrière face à vous. Repliez l'entrejambe juste en dessous de la ceinture. Repliez les côtés par-dessus, de façon à le recouvrir, puis enroulez la culotte à partir du bas. Quand vous la retournerez, elle devrait avoir la forme d'un rouleau de printemps, avec l'avant de la ceinture uniquement visible.

Je vous conseille de plier puis d'enrouler la lingerie trop lisse ou trop soyeuse pour rester pliée, comme les nuisettes. Si vos sous-vêtements en tissu fin se défont dès que vous avez fini de les plier, il sera préférable de les ranger dans une boîte

Comment plier les culottes

Arrière

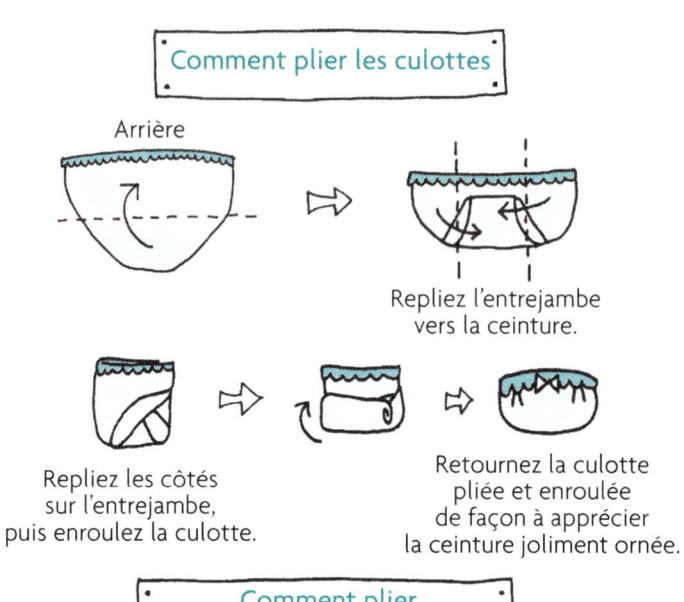

Repliez l'entrejambe vers la ceinture.

Repliez les côtés sur l'entrejambe, puis enroulez la culotte.

Retournez la culotte pliée et enroulée de façon à apprécier la ceinture joliment ornée.

Comment plier les caleçons et les slips

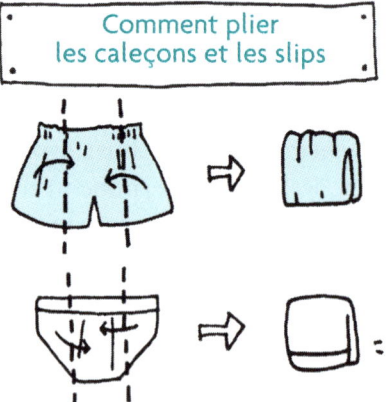

Repliez les côtés vers le centre pour former un rectangle, que vous plierez ensuite en deux, puis en trois dans la longueur.

plus petite. Une boîte de mouchoirs sera très efficace car, étant de la même largeur, elle pourra contenir sept culottes environ. Il va sans dire qu'un autre type de boîte fera parfaitement l'affaire, tant que ses dimensions restent adaptées à vos culottes et qu'elle vous plaît. Ceux qui font plutôt penser à des strings qu'à des sous-vêtements ont tendance à se retrouver en vrac quand on les plie, par conséquent, il vaut mieux les ranger dans votre petite boîte ou leur trouver un petit coin entre d'autres vêtements qui les maintiendront en place.

Si vous enroulez des sous-vêtements en coton ou en tissu épais, cela ne fera qu'en augmenter l'épaisseur, et ils prendront forcément plus de place. Lors de la dernière étape, il sera préférable de les plier au lieu de les enrouler.

Les couleurs claires devant, les couleurs foncées derrière

Rangez vos sous-vêtements de couleurs claires à l'avant du tiroir, puis ceux de couleurs foncées vers l'arrière. En les disposant ainsi, votre tiroir fera penser à une boîte à bonbons. Il n'est pas rare que mes clientes me disent que leur tiroir à lingerie est si beau qu'elles ne peuvent s'empêcher de l'ouvrir pour en admirer le contenu. Les mêmes principes s'appliquent aux caleçons et aux slips pour homme. Disposez-les du plus clair au plus foncé, de l'avant vers l'arrière.

Mes clients me demandent souvent ce qu'ils devraient faire s'ils ont plus d'une rangée de sous-vêtements, ou s'il est possible de ranger ceux qui restent en les calant entre des vêtements. La réponse est « oui ! », du moment qu'en ouvrant le tiroir, vous pouvez voir d'un coup d'œil que le dégradé passe des couleurs claires situées devant aux couleurs foncées vers le fond. En l'absence de règle bien définie, n'hésitez pas à expérimenter pour découvrir quelle méthode de rangement vous transporte de joie, puisque c'est cela même, évidemment, qui importe le plus – le sentiment de joie que vous éprouverez. Constatez ce qui fonctionne le mieux pour vous, comme si vous discutiez avec vos possessions et votre maison. L'inspiration qui découlera de cette conversation vous indiquera forcément la méthode faite pour vous.

Maintenant que vous avez appris comment sélectionner les objets qui vous procurent de la joie, fiez-vous à votre intuition. Le facteur joie ne ment jamais.

En vivant dans un espace propre et en ordre, votre opinion de vous-même s'améliorera automatiquement, et il deviendra difficile d'ignorer le lien entre ce qui vous entoure, ce qui vous procure une telle joie, et les sous-vêtements que vous portez. Cela fait partie de la merveilleuse magie du rangement !

Réservez un traitement royal à vos soutiens-gorge

Les soutiens-gorge sont en tête de liste des articles que mes clientes remplacent dès qu'elles ont terminé de ranger. Parmi tous les messages que j'ai reçus à la suite de mes consultations, les plus originaux sont ceux que j'appelle « les déclarations au soutien-gorge », des révélations comme : « Mes soutiens-gorge usés ont enfin quitté la maison », « Mes soutiens-gorge, qui avaient dépassé de loin leur date de péremption, sont partis en voyage », et « Les doyens de ma collection de soutiens-gorge ont pris leur retraite ».

Je doute qu'il y ait une autre profession qui permette une telle intimité avec les sous-vêtements des autres. Et grâce à ce point de vue, je peux aisément déclarer que la façon dont ils traitent leurs sous-vêtements révèle énormément de leur personnalité.

Pour commencer, les culottes devraient être rangées séparément des soutiens-gorge. Il m'arrive de rencontrer certaines personnes qui fourrent une culotte dans les bonnets de leurs soutiens-gorge pour en faire un lot. Bien qu'il n'y ait rien de mal à ce genre de pratique, je vous encourage à traiter royalement vos soutiens-gorge, ne serait-ce qu'une fois. Comparés à d'autres vêtements, ils ont une fierté exceptionnelle et il en émane une aura distinctive. Les soutiens-gorge, quand ils sont portés, demeurent néanmoins hors de vue, malgré leurs formes extraordinaires et leurs styles variés tout ornés de volants et de dentelles. Plutôt que des vêtements, ce sont des accessoires invisibles, de ce fait, ils devraient être rangés de façon à conserver leur forme et à ce que leur beauté soit respectée.

Une erreur malheureusement courante consiste à aplatir les bonnets, puis à les aligner. Quel gâchis ! Disposez plutôt les soutiens-gorge en les faisant légèrement se chevaucher. En repliant les bretelles et les basques latérales à l'intérieur des bonnets, vous pourrez renforcer ces derniers et sortir facilement un soutien-gorge sans déranger toute la ligne.

Votre joie en sera décuplée si vous les disposez suivant un dégradé de coloris. Quand mes clientes adoptent cette méthode, invariablement, leur visage se fait radieux. « C'est ce qu'on peut voir dans les boutiques ! » s'exclament-elles. Il est intéressant de noter que toutes mes clientes disent qu'en respectant davantage leurs soutiens-gorge, elles deviennent également plus respectueuses envers d'autres objets.

Quelle serait la « maison » idéale pour un soutien-gorge ? Dans mon livre, l'approche par excellence serait de leur attribuer tout un tiroir en bois ou en rotin. Quel que soit votre choix, assurez-vous de trouver un espace de rangement exclusivement pour ces pièces de lingerie. Cela seul vous mettra le cœur en joie.

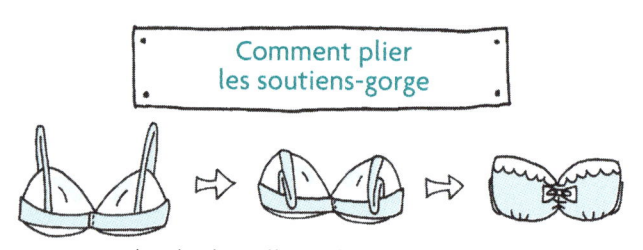

Comment plier les soutiens-gorge

Repliez les bretelles et les basques latérales à l'intérieur des bonnets.

Ranger vos soutiens-gorge est en réalité un excellent moyen d'intensifier encore le facteur plaisir. Mes clientes, dès qu'elles ont terminé de ranger ceux qu'elles possèdent, sont en général impatientes d'aller en acheter de nouveaux. En moyenne, elles en auront acheté d'autres au bout d'une semaine, et il y en a même quelques-unes qui, dès la fin du cours, partent de chez elles en même temps que moi pour aller s'en offrir. Il est arrivé que l'une d'elles m'annonce : « Ce soutien-gorge ne me rend pas heureuse ! » À ma grande surprise, elle a enlevé devant moi le simple soutien-gorge noir qu'elle portait pour le mettre dans le sac-poubelle. Lors de la consultation suivante, cette cliente, avec une grande joie non dissimulée, m'a montré son tiroir à soutiens-gorge. Présentés dans un panier en rotin où elle rangeait auparavant des serviettes, ils étaient très élégamment mis en valeur et disposés en un superbe dégradé de couleurs.

Une penderie qui inspire la joie

Il n'est pas difficile de ranger ses vêtements. Commencez par suspendre sur un portant ceux que vous mettez sur des cintres. Si vous en avez trop à suspendre, pliez-en autant que possible pour gagner de la place, puis rangez-les dans des tiroirs regroupés sous le portant. Rangez aussi dans ces tiroirs des *komono* ayant un lien avec vos vêtements, ainsi que toute autre catégorie de *komono* qui semblerait adaptée, comme les accessoires et articles utilisés quotidiennement.

En général, l'étagère en haut de l'armoire ou du placard est réservée aux sacs, aux chapeaux, aux *komono* qui ne vous servent qu'à certaines saisons, et aux objets de valeur sentimentale. Si vous êtes plusieurs à utiliser cet espace de rangement, assurez-vous que chacun a son espace individuel. Si vous avez des boîtes en plastique transparent ou des étagères, je vous suggère de mettre ces éléments de rangement à l'intérieur du placard ou de l'armoire, s'il y a de la place. Si vous venez d'emménager et que vous n'avez aucun tiroir où ranger vos vêtements, quand vous aurez terminé votre évaluation de la joie, ce sera le moment idéal pour aller vous équiper.

Si vous avez un dressing, profitez au maximum de ses impressionnantes dimensions. Choisissez des tiroirs profonds qui s'y adapteront parfaitement pour y ranger les vêtements pliés. Vous pourrez aussi ranger sur l'étagère du haut les articles saisonniers et les choses que vous n'utilisez qu'occasionnellement, comme les décorations de fêtes de fin d'année et l'équipement de loisir.

L'aspect très séduisant des dressings, c'est leur profondeur. Cependant, les murs nus peuvent paraître immenses et sans intérêt particulier. Comme je l'ai mentionné précédemment, cela vous donnera une occasion rêvée d'y ajouter votre touche de joie personnelle. L'une de mes clientes a recouvert l'un des coins de son dressing avec des photos de son mariage, et a rangé à cet endroit tout ce qui s'y rapportait, y compris le panneau de bienvenue et le porte-alliance molletonné. « Je me serais sentie un peu embarrassée de présenter tout ça à la vue de tout le monde. Maintenant, je n'ai qu'à ouvrir la porte

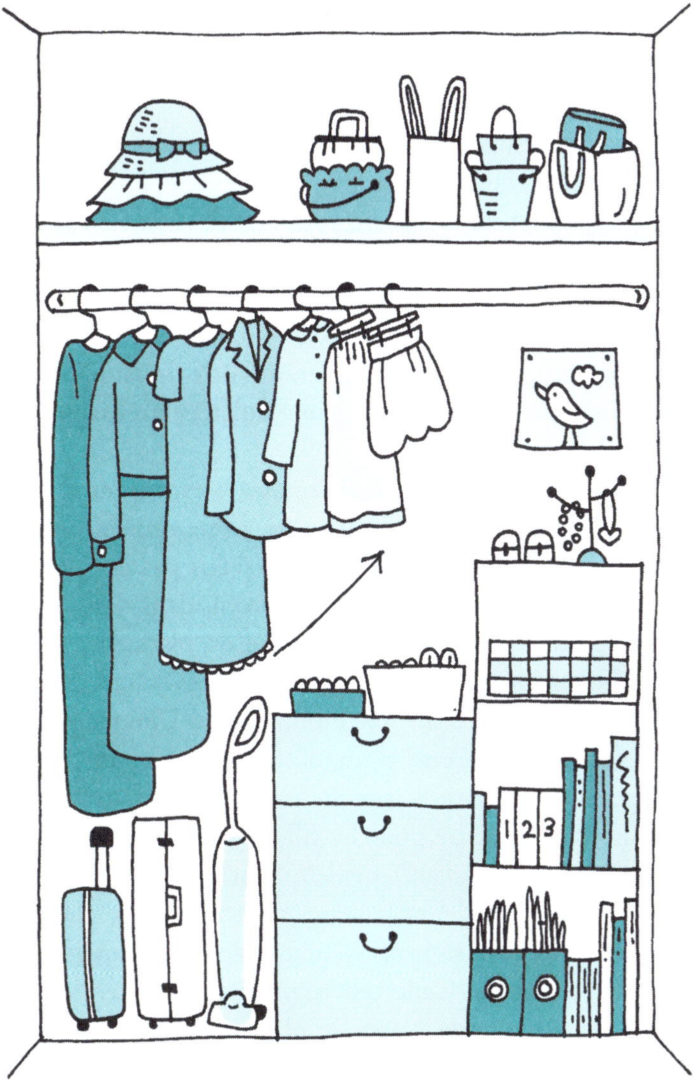
1 2 3

de mon dressing pour retrouver ce même sentiment de bonheur que j'ai éprouvé le jour de mon mariage. » De doux souvenirs émergèrent également de mon esprit à la vue de ce sourire timide sur son visage habituellement impassible et empreint d'un grand sérieux.

Le dressing est un espace où vous êtes libre de faire ce qu'il vous plaît. Une cliente adepte des solutions créatives a ainsi improvisé au niveau de l'espace du bas un « parking » où ranger les véhicules à pédales de ses enfants, qui s'amusèrent vraiment à les garer là. **En considérant votre dressing comme une petite pièce, vous serez capable de créer un magnifique espace de rangement.**

Mon approche en matière d'armoire a évolué au fur et à mesure que j'acquérais de l'expérience. C'est ainsi qu'un jour, je fus stupéfaite de découvrir que je n'étais pas la première. En visitant le musée d'art Yayoi de Tokyo, dans l'arrondissement de Bunkyo, je vis une illustration du placard de rangement japonais par excellence. Intitulé « Idées pour placard », celui représenté contenait une bibliothèque. Une magnifique poupée était posée dessus, et un joli tissu drapé en dissimulait les étagères. L'illustration avait été imprimée dans *Himawari*, un magazine populaire pour les filles publié en 1948 par le célèbre Junichi Nakahara. Évidemment, il y a maintenant plus de soixante ans, non seulement on utilisait le placard à la japonaise dans un style occidental, mais on en faisait également un bel espace. Cette œuvre illustrait ma théorie selon laquelle on devrait considérer un placard comme l'extension d'une pièce. Ce merveilleux espace de rangement peut être décoré comme toute autre pièce, puis dissimulé derrière des portes fermées.

Décider où ranger les choses équivaut à leur trouver une maison

Nombreux sont celles et ceux qui rangent leurs tiroirs à vêtements en bas de leur placard. Mais quel est le moyen le plus efficace d'organiser le contenu de ces tiroirs ? Il est plus facile d'éprouver de la joie à la vue de ce contenu si l'on cherche un rangement qui semble naturel, quelque chose de normal, logique.

Par exemple, si une commode a plusieurs tiroirs, il sera plus naturel de ranger les objets les plus légers en haut, et les plus lourds en bas. Les hauts seront ainsi rangés dans les tiroirs du haut, et les bas, dans ceux du bas. De même, ceux en tissus légers, comme le coton, seront rangés dans les tiroirs du haut, et ceux en tissus épais, lourds, comme la laine, dans ceux du bas. Il est également plus naturel de ranger de préférence en haut tout ce qu'on porte sur la tête ou à proximité, comme les chapeaux et écharpes. En appliquant ce principe, vous obtiendrez un ensemble de tiroirs qui vous mettra de bonne humeur et qui, associé au principe consistant à suspendre vos vêtements de gauche à droite, du plus long au plus court, créera un espace de rangement idéal qui vous ravira.

Rangez en organisant les couleurs en dégradé, pour voir en un clin d'œil où tout se trouve, et cernez aussi la tendance

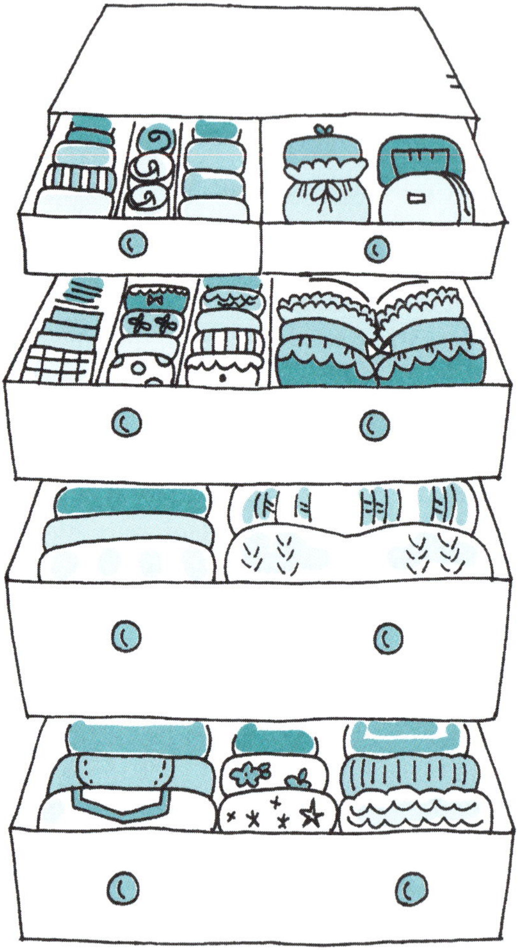

prédominante de couleur de votre garde-robe. En général, les couleurs foncées devraient se situer vers le fond du tiroir et les couleurs claires à l'avant. Si vous les organisez en visualisant une vague de joie qui déferle vers vous, vous éprouverez une ruée de plaisir chaque fois que vous les ouvrirez.

Lorsque vous aurez atteint un équilibre dans l'ensemble, il sera temps d'examiner de plus près ce qui figure à l'intérieur de chaque tiroir. **Considérez votre placard comme le vaste monde, la nature, et l'intérieur de vos tiroirs comme la maison qui abrite vos possessions.** Une impression de stabilité et d'ordre est essentielle si vous voulez créer un espace où ce que vous possédez puisse se détendre et obtenir le repos nécessaire. Comme je l'ai mentionné précédemment, il vaut mieux qu'un tiroir où vous rangez vos vêtements soit plein à 90 %, mais les articles en tissu fin, comme les culottes, les bas et les combinaisons, devront être rangés un peu plus serrés pour ne pas se dérouler.

Si vos tiroirs sont très profonds, vous pouvez remplir le fond de vêtements pliés, le devant de vêtements superposés sur lesquels vous ajoutez une boîte amovible peu profonde en contenant d'autres.

Vous pouvez aussi ordonner et organiser efficacement votre tiroir en gardant à l'intérieur, dans une boîte séparée, les *komono* ayant un rapport avec vos vêtements. Par exemple, pourquoi ne pas y conserver les bretelles amovibles de soutiens-gorge, les cravates ou les boutons que vous ne pouvez tout simplement pas ranger dans un écrin à bague ?

Pour certains, prêter attention à de tels détails ne fait aucune différence. Il est vrai que le sentiment de joie effectif qui découle du rangement n'est pas immédiatement perceptible. Comparé au drame de devoir réduire le nombre de vos possessions, quand chaque jour, les sacs-poubelles s'amoncellent et que votre espace de vie subit une transformation radicale, le rangement présuppose de déplacer en silence les objets et de prendre plaisir à ces accomplissements, aussi minimes soient-ils. Cependant, gardez le détail suivant à l'esprit. Dans le strict sens du terme, « ranger » ne signifie en aucun cas vous contenter de réduire le volume de vos possessions. Vous devez sélectionner un endroit confortable où ranger chaque objet que vous aurez décidé de garder, où chacun d'eux pourra briller de tout son éclat. Ces objets que vous aurez choisis vous soutiennent dans la vie. Attribuez-leur un espace où ils se sentiront à leur place.

Personnellement, j'ai le sentiment que **l'essence même du rangement réside dans le fait d'apprécier les objets que vous possédez et de veiller à ce que la relation que vous entretenez avec eux soit aussi agréable que possible.** Décider où ranger les choses équivaut à leur donner une maison. Je peux vous assurer qu'après avoir veillé à ce que votre rangement soit en parfaite adéquation avec « tout ce qui pour vous détermine la joie », vous obtiendrez des avantages dont vous n'auriez jamais pu bénéficier en vous contentant simplement de vous débarrasser.

Les sacs

Considérez les sacs comme faisant partie de la catégorie « vêtements », car ils sont également rangés dans le placard ou l'armoire. Avez-vous conservé des sacs à main que vous utilisiez couramment tous les jours, mais que vous avez maintenant remplacés par d'autres sacs du même style ? Il s'agit manifestement d'un phénomène très répandu chez les gens qui en possèdent énormément. Malgré le nombre important de sacs disponibles, en réalité, ils n'en utilisent généralement que quelques-uns. Si vous ne renouvelez pas périodiquement vos choix, vos préférés se retrouveront enfouis parmi ceux que vous n'utilisez jamais. C'est du moins ce qui m'est arrivé.

Lorsque vous aurez terminé de trier les vôtres, mettez en pratique la méthode dite « du sac dans le sac », en en rangeant un à l'intérieur d'un autre. Rangez pliés les sacs pliables, comme les tote bags en tissu.

Les accessoires vestimentaires

Les cravates, ceintures, chapeaux, gants et cols en fourrure ou autres broches retirées d'un manteau et rangées séparément – je désigne tous ces objets par l'expression « accessoires vestimentaires » et je les classe dans la catégorie des *komono* ayant un rapport avec les vêtements. Vous avez peut-être gardé des accessoires provenant de vêtements dont vous vous êtes débarrassé, ou une capuche que vous ne pouvez plus assortir à un manteau. Conserver de tels articles « au cas où »

La méthode du sac dans le sac

Rangez les sacs similaires l'un dans l'autre.
Ils se maintiendront ainsi en place.
Il est préférable de ne ranger
qu'un seul sac par sac.

Comment plier les sacs en tissu ou en plastique

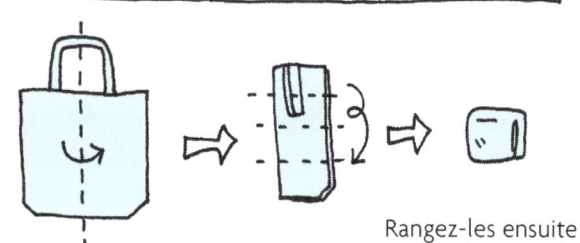

Repliez les anses vers le bas,
puis pliez le sac pour qu'il devienne
le plus petit possible.

Rangez-les ensuite
posés à la verticale.

vous trouveriez un moyen d'en faire usage est hasardeux. Rendez-vous à l'évidence, vous ne les utiliserez plus jamais, alors dites-leur adieu.

Lorsque vous aurez terminé votre sélection, tout sera bien ordonné en un rien de temps si vous pliez les cache-col, les bonnets de laine et d'autres accessoires pliables avant de les ranger dans le tiroir d'une commode, et mettez les articles que vous ne pouvez pas plier dans une boîte plus petite placée dans un tiroir, ou en dehors du meuble, comme s'il s'agissait d'une présentation dans une boutique.

Rangez vos accessoires en les disposant élégamment

Un adage japonais raconte que « la beauté ne se fait pas en un jour ». Même si cela vous demande du temps, disposez vos accessoires le plus joliment possible. Quand, avec une cliente, nous travaillons à partir de rien au rangement des accessoires, nous y passons plus de temps par centimètre carré d'espace de rangement que pour tout autre type d'objets. Je vous recommande vivement de disposer vos accessoires de telle sorte que l'intérieur de votre tiroir fasse penser à une vitrine. Ainsi, à chaque fois que vous l'ouvrirez, ce que vous y verrez vous procurera un frisson de plaisir.

Si vous n'avez pas de vanity-case, pourquoi ne pas utiliser l'un des tiroirs d'un chiffonnier ou le tiroir du haut de votre bureau, peu profond ? De petites boîtes vides feront office de séparateurs. En plus des boîtes d'origine des accessoires, couvercles compris, essayez-en d'autres avec des compartiments distincts, comme des boîtes de chocolats. Bien que ce

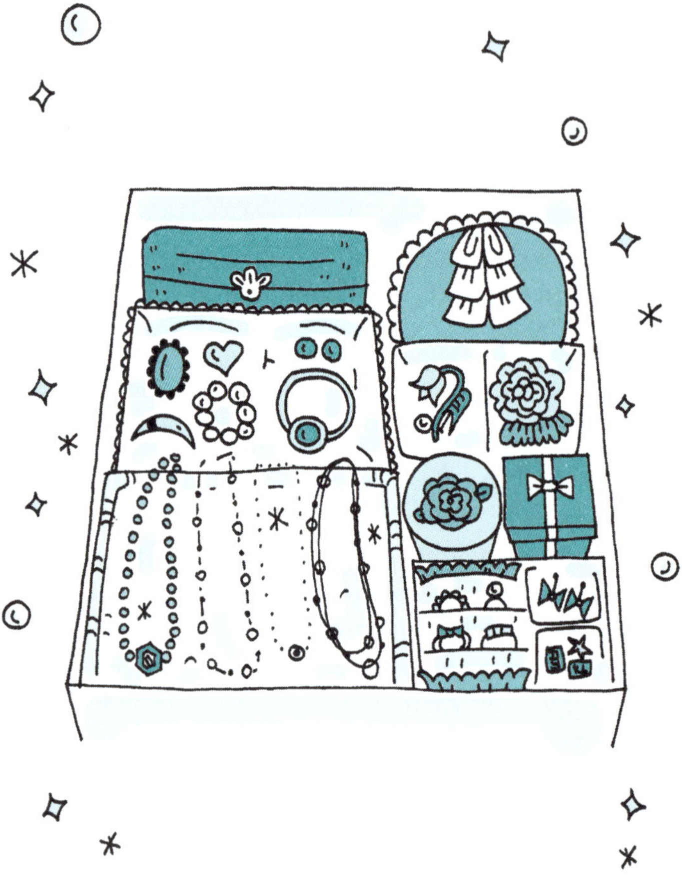

soit rapide et pratique d'utiliser les boîtes vides que vous avez déjà, vous vous inquiéterez peut-être que cela nuise à la présentation finale. Elles doivent évidemment passer le test. Une boîte de mouchoirs jetables, par exemple, ne conviendra pas, car ce sera trop ordinaire. Je vous recommande de choisir des boîtes solides et de les couvrir de papier crépon ou de papier de soie.

Si vous n'avez pas de boîtes de ce style à disposition, pas d'inquiétude. Une fois dans le tiroir, seul le fond demeurera visible. Même les boîtes quelconques seront parfaites si vous mettez au fond un joli morceau de papier. Voilà votre chance d'employer ces choses qui vous rendent heureux, mais qui n'ont pas encore été utilisées – vous pourrez découper des cartes postales, du papier d'emballage ou des sacs ornés de motifs que vous aimez pour recouvrir le fond des boîtes.

Les coupelles font également d'excellents récipients pour accessoires. L'une de mes clientes abrite les siens dans un cendrier en verre de Scandinavie qu'elle adore et qu'elle a acheté sur un coup de cœur, et l'effet produit est tout simplement magnifique. Comme autre option à la place d'un tiroir, utilisez une trousse de maquillage ou une boîte à bijoux. Si vous en avez déjà une que vous aimez, n'hésitez pas à en faire usage. Non seulement les boîtes à bijoux sont spécifiquement conçues pour que les accessoires soient magnifiquement présentés à l'intérieur, mais elles vous feront aussi gagner du temps et vous éviteront des complications, puisqu'il s'agit de la solution la plus simple pour terminer de ranger vos accessoires.

Si vous avez une boîte à bijoux, mais qu'elle n'éveille aucune étincelle de joie en vous, pourquoi ne pas la démonter pour utiliser les éléments qui la constituent ? Il m'arrive souvent de surprendre mes clientes en récupérant une boîte à bijoux qu'elles s'apprêtaient à jeter, pour tirer violemment sur le couvercle dans un craquement bruyant, et fourrer les doigts de part et d'autre des trois rangées de coussinets prévus pour les bagues afin de les extraire de là. Je mets ensuite la boîte dorénavant dépourvue de couvercle dans le tiroir, où elle s'ajuste comme il faut, puis je place les coussinets des bagues dans une autre boîte, les transformant ainsi parfaitement en séparateurs de tiroir. Si vous vous lancez dans la fabrication de séparateurs pour vos accessoires avec un esprit créatif et ludique ainsi que l'étoffe d'un artisan, cela fera toute la différence.

En ce qui concerne vos chaînes et colliers délicats, vous éviterez qu'ils ne se retrouvent emmêlés en les glissant dans des fentes découpées au bord des séparateurs. Ce sera plus facile si vous utilisez des boîtes en papier épais ou en carton, bien sûr. Vous pouvez aussi procéder en enfilant une chaîne sur chaque dent d'un peigne décoratif que vous aurez recourbée.

Je vous recommande également des espaces ouverts de rangement, ou en d'autres termes d'exposer vos accessoires. Si vous avez un panneau en liège, je vous suggère de les y présenter. Au lieu de les suspendre à des punaises ordinaires, vous pourrez les accrocher à une boucle d'oreille en anneau devenue orpheline depuis que vous avez perdu l'autre ; ou utilisez simplement les boucles d'oreilles en guise de décorations pour agrémenter d'autant plus ce que vous présentez. Voici une méthode encore plus simple : rangez dans un tiroir ou dans une boîte la majeure partie de votre collection, et les accessoires que vous portez tous les jours dans une coupelle ou sur un petit plateau que vous laisserez bien visible.

Les cravates

Veillez à ranger les cravates de manière attrayante et dans le but de faciliter le choix de celle que vous porterez aujourd'hui. L'une des méthodes consiste à les suspendre. Vous pouvez vous servir d'un cintre porte-cravates ou ordinaire, ou du portant à cravates au dos de la porte d'un placard si celui-ci en est équipé.

Voici une autre façon de les ranger : enroulez-les puis disposez-les dans un tiroir. Vous pourrez les présenter comme des rouleaux de sushi, côté en spirale apparent, ou comme une tranche de gâteau roulé, côté lisse apparent.

Les accessoires pour cheveux

Il s'agit d'objets très répandus que les gens abordent en même temps que les accessoires courants. Si vous ne portez plus certains d'entre eux pour attacher vos cheveux, mais que vous adorez leurs ornements scintillants, ne les jetez pas. Utilisez-les. Nouez-les par exemple autour du crochet d'un cintre, ou faites-en une pampille à rideau. Vous ne manquerez pas de vous amuser en réalisant vos créations originales qui vous inspireront de la joie.

Comme pour les autres accessoires, soyez attentif à la présentation quand vous les rangez. Cela sera mieux organisé si vous séparez les compartiments en fonction des articles que vous y rangez – barrettes, élastiques et autres –, mais si vous n'avez pas beaucoup d'accessoires, vous n'aurez pas besoin de séparateurs.

Les chaussures

Généralement, on n'inclut pas les chaussures dans la catégorie des vêtements, mais selon la méthode KonMari, elles en font bel et bien partie et font donc l'objet dès le départ de l'évaluation de la joie. Lorsque vous aurez rassemblé toutes vos chaussures depuis les quatre coins de la maison, alignez-les sur des feuilles de papier journal étalées au sol, puis regroupez-les en fonction de leur style – sandales, baskets, bottes et chaussures de soirée. Ramassez chaque paire pour voir si elle vous procure de la joie. S'il y en a qui ne sont pas ajustées à votre pied et qui vous font souffrir, il est maintenant temps de vous en débarrasser. Les chaussures sont importantes. Au Japon, on emploie l'expression « regarder les pieds de quelqu'un », ce qui signifie « évaluer la personne ». Si vous portez des chaussures qui vous procurent de la joie, elles sont destinées à vous guider vers un avenir radieux.

Rangez vos chaussures pour faire émerger la joie

Il n'existe que deux méthodes pour ranger vos chaussures : posez-les directement sur une étagère à chaussures ou sur les étagères de votre placard, ou rangez-les d'abord dans leurs boîtes que vous rangerez ensuite dans le placard. Si vous avez suffisamment d'étagères, il est préférable de les aligner sans leurs boîtes, qui prennent inutilement de la place. Cependant, cette méthode de rangement sera efficace uniquement si vous parvenez à mettre plus d'une paire de chaussures dans chaque boîte. Choisissez des chaussures qui ne se déforment pas facilement et rangez-les posées sur le côté. Cherchez à ajuster dans la même boîte deux paires de chaussures fines, comme des sandales de plage.

Un des principes de base du rangement consiste à réduire la perte d'espace et à utiliser à profit la hauteur. En effet, on ne peut pas réduire le volume des chaussures, par conséquent, la seule solution à notre portée est de jouer sur la hauteur de l'espace vacant. Pour cela, les éléments de rangement se révéleront pratiques. Des éléments en « Z » à intégrer vous permettront de tirer parti de la hauteur de vos étagères en empilant une chaussure sur l'autre, ce qui doublera le volume de rangement disponible.

Voici ma devise en ce qui concerne le rangement des chaussures : « faire émerger la joie en continu ». Ce qui est plus lourd va au fond et fait émerger ce qui est plus léger à la surface. Commencez par attribuer un espace à chaque personne dans votre foyer. Si chacun de vous a plusieurs étagères, rangez en dessous les chaussures de tous les jours, comme les chaussures en cuir, les tennis ou les baskets, et au-dessus les chaussures plus légères, comme les sandales.

Astuces pour préparer votre valise

Faire sa valise pour un voyage d'affaires ou les vacances suit les mêmes principes de base que ceux qui s'appliquent au rangement à la maison. Les vêtements doivent être pliés et emballés à la verticale. Pliez les costumes ou les tailleurs, puis posez-les à plat sur le dessus. Mettez les soutiens-gorge par-dessus dans la valise, en évitant de les aplatir. Rangez les petites pièces comme les sous-vêtements dans une pochette de voyage, et transférez les lotions et les produits de toilette dans des flacons plus petits pour réduire le volume.

J'apprécie encore plus de défaire mes bagages que de les faire. Dès que je rentre à la maison, je sors tout ce qu'il y a dans ma valise, je mets le linge sale dans la machine à laver, et je remets tout le reste à sa place habituelle. J'essuie ensuite l'extérieur de ma valise et les roulettes. Pour tout faire, je me donne trente minutes maximum. Voici le secret : imaginez que vous êtes un robot déballeur, ce qui devrait vous inciter à vous activer rapidement et avec efficacité.

Que faire des vêtements de votre famille ?

Voici l'une des questions que les personnes vivant avec leur famille me posent souvent : « Quand dois-je ranger les vêtements des membres de ma famille ? »

Selon la règle de base, vous devriez vous consacrer tout d'abord à ranger vos propres affaires. Cependant, lorsque vous aurez mené à bien cette tâche, vous pourrez aider vos enfants ou votre partenaire à ranger leurs vêtements. Néanmoins, assurez-vous de leur laisser l'initiative de sélectionner ce qu'ils veulent garder. D'après mon expérience, dès trois ans, la plupart des enfants savent très bien choisir ce qui leur procure de la joie.

Si certains membres de votre famille montrent de la réticence à se débarrasser, vous leur apprendrez simplement comment plier et ranger à la verticale les vêtements ; cela devrait contribuer à ce que leur espace soit un peu plus en ordre, et pourrait leur apporter la motivation nécessaire pour commencer à trier. Même s'ils n'ont pas la moindre disposition pour se mettre d'eux-mêmes à ranger, évitez de faire ce que j'ai fait en une occasion, c'est-à-dire jeter des choses ne m'appartenant pas sans demander l'autorisation.

5

Ranger les livres

Conseils à l'attention de tous ceux qui pensent ne pas pouvoir se séparer de leurs livres

Peut-être croyez-vous que les livres sont la seule chose dont vous ne pourrez jamais vous débarrasser et que, pour cette raison, vous vous êtes abstenu de ranger. Quel dommage ! Ranger vos livres est le meilleur moyen de développer votre sensibilité à la joie, ainsi que votre capacité à passer à l'action.

La raison la plus souvent évoquée par celles et ceux qui ne parviennent pas à se débarrasser d'un livre, c'est qu'ils pourraient avoir envie de le relire. Cependant, si, aujourd'hui, un livre ne suscite plus de joie, il est quasiment sûr que vous ne le relirez pas. En se plongeant dans des livres, on cherche à faire l'expérience de la lecture. Une fois lu, un livre a déjà fait l'objet de cette « expérience ». Même si vous ne vous rappelez pas tout à fait de son contenu, vous l'avez déjà assimilé.

Quant aux livres que vous n'avez lus qu'à moitié, ou ceux que vous n'avez pas encore lus, débarrassez-vous-en en totalité. Vous pouvez bien sûr conserver sans vous poser de questions les livres précieux qui font partie de votre panthéon personnel, ou ceux qui vous sont nécessaires actuellement. Quand il ne vous restera que ceux que vous aimez, vous constaterez un changement remarquable dans la qualité des informations que vous recevrez. L'espace libéré en vous débarrassant de certains livres fera manifestement de la place pour un volume équivalent de nouvelles informations. Vous ne tarderez pas à constater que vous recevrez celles qui vous sont nécessaires au moment même où vous en aurez besoin, et quand elles vous parviendront, vous découvrirez que vous y réagissez immédiatement, en ayant adopté un nouveau mode de comportement qui était impossible par le passé, quand vous accumuliez des livres en négligeant les informations qu'ils contenaient.

Comme avec les vêtements, je vous conseille de commencer par sortir vos livres un par un de leurs étagères, puis de les empiler au sol. Prenez-les ensuite entre vos mains et ne gardez que ceux qui vous procurent de la joie. Quoi que vous fassiez, ne vous mettez surtout pas à lire. Si vous en avez trop à trier en même temps, classez-les par catégorie, par exemple sous « littérature générale », « pratique », « beaux livres » et « magazines », puis procédez à l'évaluation de la joie pour chacune de ces catégories.

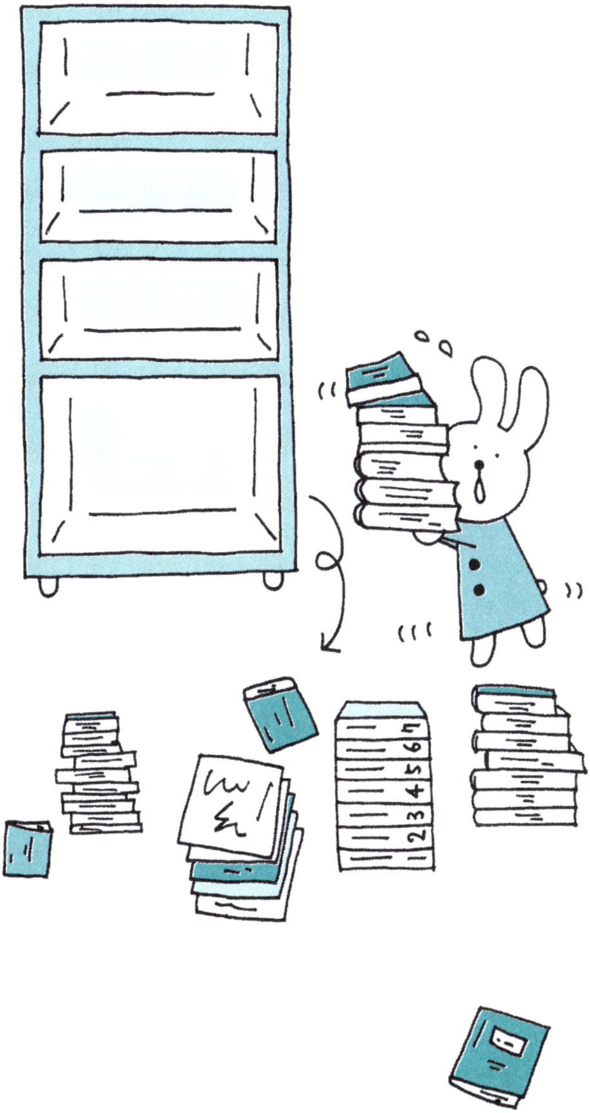

Les séries

Généralement, les mangas, les bandes dessinées et autres séries sont à classer sous la catégorie « littérature générale », mais si vous en avez énormément, regroupez-les dans une catégorie à part. Quand vous vous occuperez des séries, il n'est pas nécessaire de tenir chaque livre entre vos mains. Vous pourrez évaluer s'ils suscitent en vous de la joie en empilant toute la série et en entourant la pile de vos bras comme pour l'étreindre, ou simplement en prenant dans vos mains le volume du dessus.

Avec cette catégorie, le risque de distraction est extrêmement élevé. Afin d'éviter de perdre votre journée à les lire, l'astuce consistera à ne surtout pas les ouvrir. En les touchant, tout simplement, évaluez s'ils vous procurent un sentiment de joie. Lors de mes consultations privées, si je fais l'erreur de mentionner les mangas de mes clients, il n'est pas rare qu'ils se lancent dans une longue déclaration passionnée sur les charmes de leur série.

Les magazines et les beaux livres

Parmi les livres que l'on pourrait indubitablement qualifier de « divertissants à regarder », on trouve non seulement les magazines et les livres de photos, mais aussi les catalogues, les livres d'art, etc. Gardez sans la moindre hésitation ceux qui font partie de votre panthéon personnel, c'est-à-dire ceux dont vous n'envisageriez même pas une seconde de vous séparer, et dont vous savez sans le moindre doute qu'ils vous procurent de la joie. Les magazines s'apparentent à des coureurs courte distance ayant une « durée de vie ou actualité » particulièrement brève. Si ceux que vous achetez régulièrement ou auxquels vous êtes abonné ont tendance à s'accumuler, je vous suggère de déterminer une limite quant au nombre maximum de publications à conserver.

Si vous n'êtes attiré que par certaines photos, certains articles ou paragraphes dans un livre, découpez-les. Vous n'avez pas à les coller tout de suite dans un album de souvenirs ou album de scrapbooking. Rangez-les pour le moment dans une chemise en plastique transparent. Étant donné qu'il n'est pas rare de regarder plus tard ces coupures en se demandant pourquoi diable on les a gardées, triez-les une fois encore lorsque vous serez arrivé à l'étape du rangement des papiers.

Ranger les livres avec goût

Je demande à mes clients d'entreposer leurs livres dans une bibliothèque ou sur un groupe d'étagères rangées hors de vue dans un placard, un débarras ou une armoire. Voici la règle de base : rangez au même endroit les livres de la même catégorie, mais quant à ceux utilisés spécifiquement dans une pièce, il est tout à fait acceptable de les garder à cet endroit, comme les livres de cuisine dans la cuisine. Ne les empilez pas, veillez plutôt à les ranger à la verticale.

Après avoir terminé de ranger vos livres, vous vous demanderez peut-être pourquoi vous en avez gardé autant, mais ne vous inquiétez pas. En continuant à faire du rangement, vous affinerez au fur et à mesure votre sensibilité à mieux percevoir la joie. Si vous en remarquez un plus tard qui ne vous sert plus, vous pourrez vous en débarrasser à ce moment-là. Et quel plaisir d'avoir plein de livres qui vous comblent de joie ! Si, après les avoir pris un par un, vous avez déterminé que ce sont bien les livres que vous aimez, alors gardez-les sans vous poser de questions et chérissez-les.

Devenez la personne qui a gardé ces livres

Quand vous aurez terminé de ranger vos livres, reculez de quelques pas et regardez attentivement les étagères où vous les avez posés. Quels types de mots dans les titres imprimés au dos vous sautent aux yeux ? Si vous avez annoncé à tout le monde que vous aimeriez vous marier cette année, mais que vous possédez beaucoup de titres avec des mots comme « XXX pour les célibataires », ou bien, si vous voulez vivre une vie heureuse, mais que vous avez beaucoup de romans portant des titres évoquant la tristesse, prenez garde.

L'énergie des titres des livres et des mots qui les composent est particulièrement puissante. Au Japon, on dit que « les mots créent notre réalité ». Les mots qu'on lit et avec lesquels on entre en contact ont tendance à déclencher des événements de même nature. C'est ainsi que vous deviendrez la personne qui correspond aux livres que vous avez conservés. Quels livres souhaiteriez-vous avoir dans votre bibliothèque afin de refléter le genre de personnalité auquel vous aspirez ? Si vous choisissez les livres à garder en fonction de ce critère, attendez-vous à ce que le cours des événements dans votre vie en soit spectaculairement modifié.

6

RANGER LES PAPIERS

La règle de base pour les papiers : débarrassez-vous de tout

Comme les vêtements et les livres, la première étape pour ranger les papiers consiste à rassembler au même endroit tous les documents et papiers qui vous concernent personnellement. Quelle est la règle générale que je préconise ? Débarrassez-vous de tout !

Cela ne veut pas dire que votre objectif sera de vous en débarrasser jusqu'au dernier, mais plutôt de faire le tri parmi tout cela en partant du principe que vous vous en débarrasserez. Une feuille de papier ne prenant quasiment pas de place, il est très facile d'en accumuler beaucoup trop sans même s'en rendre compte. Si vous abordez le processus de sélection sans vous engager à vous débarrasser de tout, votre action n'aura quasiment aucune incidence sur le volume de l'ensemble. Ne gardez que ce qui a une raison évidente d'être conservé – les papiers qui vous sont actuellement utiles, ceux qui vous seront nécessaires sur une période donnée, et ceux que vous devez garder indéfiniment.

Il est important de tout vérifier un par un. Si une enveloppe contient une liasse de papiers, sortez-les tous, car ce pourrait être des papiers sans la moindre utilité, comme des prospectus publicitaires, mélangés cependant à des documents importants. Trier vos papiers vous donnera peut-être la migraine, alors veillez à bien vous hydrater pour venir à bout de chaque catégorie.

Prévoyez une boîte pour les papiers en attente

Voici un objet essentiel pour ranger les papiers : une boîte où mettre tous ceux « en attente », c'est-à-dire tous ces papiers qui nécessitent une action de votre part, comme des lettres que vous avez prévu de poster, des factures à payer, etc., et continuez votre tri. Tout ce dont vous pourrez cependant vous occuper dans l'immédiat doit être géré sur-le-champ, comme vérifier ce que contient une enveloppe ou feuilleter une brochure pour ensuite la recycler. En accumulant trop de papiers en attente, il serait surprenant que vous ayez envie de vous en occuper plus tard.

En général, un porte-revues dans lequel vous pourrez ranger les papiers à la verticale fera une bonne boîte pour tout document en attente, mais vous pouvez aussi utiliser une boîte vide, si vous en avez une de la dimension appropriée, ou une chemise en plastique transparent si vos documents et vos papiers ne représentent qu'un faible volume.

Si vous vous engagez avec toute votre famille dans une campagne de rangement, assurez-vous que chacun n'a qu'une seule boîte pour ses papiers en attente.

Les notes et documents scolaires

Avez-vous des notes ou des documents provenant de cours que vous avez suivis pour votre développement de carrière ou l'obtention d'un diplôme ? Ou peut-être avez-vous gardé des documents venant d'un séminaire de développement personnel ? On a tendance à les conserver en espérant les utiliser un jour ; mais, dites-moi, cela vous est-il déjà arrivé ? La plupart du temps, ce jour ne vient jamais.

Ces cours ont de la valeur au moment où on en prend note, mais ils n'auront de sens que lorsque vous aurez mis en pratique ce qu'on vous aura enseigné. Selon moi, conserver de tels documents empêche en réalité de se servir de ce qu'on a appris. Si vous suivez ce genre de cours, résolvez-vous à recycler les documents et vos notes quand vous aurez fini. Si vous regrettez de le faire, retournez en cours et, cette fois, appliquez tout de suite ce que vous aurez appris.

Les relevés de cartes de crédit

Les relevés de cartes de crédit sont classés tout en haut de la liste des papiers que l'on a tendance à conserver. Si vous avez en outre plus d'une carte, ces relevés mensuels ne tarderont pas à s'accumuler.

Cependant, pour la plupart des gens, il ne s'agit vraiment que d'informations sur la somme qu'ils ont dépensée. Lorsque vous en aurez vérifié le contenu et enregistré le tout dans le livre de comptes de votre foyer, ces relevés auront rempli leur mission. À moins que vous n'en ayez besoin pour votre déclaration de revenus, passez-les à la déchiqueteuse. De nombreux établissements émetteurs de cartes de crédit proposent des services de relevés électroniques très pratiques, auxquels il pourrait valoir la peine de recourir.

Les garanties

Tous les appareils électroménagers que vous achetez sont accompagnés d'une garantie. C'est le document que l'on trouve le plus couramment dans chaque foyer, et nombreux sont ceux qui les conservent bien comme il faut en les rangeant dans une chemise ou un dossier accordéon. Mais malgré tous ses compartiments, c'est en fait le plus grand inconvénient de ce type d'archivage. Lorsque vos garanties sont placées dans leur compartiment individuel, il y a très peu de chances que vous les consultiez à nouveau et, avant même de vous en rendre compte, vous aurez des dossiers remplis de garanties arrivées à expiration.

La solution de rangement la plus simple est de toutes les regrouper dans le même dossier en plastique transparent. Chaque fois que vous y chercherez une garantie, vous aurez ainsi l'occasion de voir toutes les autres et de trier celles qui ont expiré. Si vous devez conserver une preuve d'achat, agrafez le ticket de caisse ou la facture à la garantie correspondante.

Les manuels d'utilisation

En plus d'être ennuyeux et compliqués à lire, ces notices sont de sacrés pavés qui prennent énormément de place. La plupart des gens préféreraient s'en débarrasser mais se sentent obligés de les conserver. Il est relativement courant qu'on les garde précieusement alors même que les appareils qu'ils concernent, cassés depuis longtemps, ont été remplacés. Soyez rassuré. Vous pouvez tous les envoyer au recyclage.

Même dans l'éventualité où vous auriez besoin d'un manuel après l'avoir jeté, vous trouverez toutes les informations en ligne ou en contactant le fabricant. Si, toutefois, vous faites partie de ces personnes qui ressentent à leur lecture un frisson d'excitation, ou qui consultent fréquemment le guide de leur appareil photo, parcourez-les attentivement et ne sélectionnez que ceux qui vous plaisent tout particulièrement.

Les cartes de vœux

Ce type d'objets est l'un des plus difficiles à trier dans cette catégorie. Elles contiennent des messages spéciaux venant d'amis ou de la famille, et une photo figure parfois au recto, ce qui peut leur donner une valeur sentimentale.

Cependant, la fonction principale de ce type de cartes, c'est de transmettre des vœux. Dès l'instant où vous en aurez pris connaissance, leur mission sera accomplie. Ne gardez que celles qui vous inspirent de la joie.

Les coupures de presse

Les pages de recettes que vous avez aimantées sur votre réfrigérateur sans jamais les essayer, les cartes touristiques de lieux que vous n'avez même pas prévu de visiter, les articles de journaux que vous aviez l'intention de lire et qui sont à présent périmés… l'une de ces pratiques vous dit quelque chose ?

J'avais pour habitude de découper les cartes de Kyoto et de Kamakura chaque fois que je tombais dessus dans les magazines, mais chaque fois que je suis allée dans ces villes, j'ai toujours oublié de les prendre avec moi. Au final, je les ai toutes jetées !

Pour chaque coupure de presse que vous décidez de conserver, la solution la plus simple sera un protège-document avec des poches transparentes en plastique car elles sont faciles à feuilleter. Faire votre propre scrapbook sera une bonne option si vous voulez intensifier le facteur plaisir. Cependant, les coupures qui n'ont pas vraiment besoin d'être archivées, comme un article sur une boutique dans laquelle vous avez prévu de vous rendre bientôt, devraient être conservées dans la boîte des papiers en attente ou dans votre agenda.

Consacrez un moment précis à trier les documents en attente

Lorsque vous aurez fini de remettre de l'ordre dans vos papiers, vérifiez le contenu de la boîte où vous avez rangé tous ceux en attente. Est-elle pleine ? En ce qui concerne ces documents, il est préférable de prévoir un moment précis pour s'y atteler d'un seul coup. Après avoir contrôlé le contenu de la boîte, occupez-vous immédiatement des papiers qui peuvent dès à présent être recyclés. Motivé dans votre élan, passez ensuite à ceux qui nécessitent une réponse ou toute autre action de votre part.

Vous pouvez vous attaquer au contenu de cette boîte une fois arrivé au terme de votre campagne de rangement, mais dans ce cas, ces documents vous occuperont en réalité l'esprit bien plus que vous ne vous y seriez attendu. Vous bénéficierez d'une bien meilleure sérénité intérieure si vous vous en chargez avant de ranger vos *komono*.

Comment mettre de l'ordre dans vos papiers au bureau

Quand vous rangerez votre bureau, la règle de base sera de commencer par votre table de travail avant de vous attaquer à tout espace commun. Rangez tout dans la foulée, comme vous procéderiez chez vous. Selon l'ordre de base pour le rangement, commencez par les livres et les papiers, puis passez aux fournitures de bureau, et finalement, aux autres *komono*.

Si votre table de travail est de taille moyenne, cela vous demandera six heures au total. Je vous recommande d'entreprendre votre campagne de rangement tôt le matin, avant l'arrivée de vos collègues, ce qui nécessitera trois sessions de deux heures chacune, mais si vous pouvez vous ménager six heures d'affilée pour vous y consacrer, une seule session devrait suffire.

C'est sûr, vous pourriez abandonner, vous pourriez ne pas avoir six heures à sacrifier au rangement au travail. Mais cela serait bien dommage. Selon certaines statistiques, l'individu moyen passe une trentaine de minutes par jour à chercher ce dont il a besoin, tandis que les personnes qui égarent souvent leurs affaires peuvent y passer jusqu'à deux heures par jour. Si une personne travaille vingt jours par mois, cela signifie qu'il ou elle perd jusqu'à quarante heures par mois simplement à la recherche d'un objet égaré. Si vous réussissez à résoudre ce problème en à peine six heures, le retour sur investissement sera tout aussi immédiat que spectaculaire. Avec un bureau bien rangé qui vous met de bonne humeur, votre efficacité au travail risque d'autant plus de s'améliorer !

7

Ranger les *komono*

Quand il s'agit de décider où ranger les objets, les *komono* (objets divers) constituent la catégorie la plus problématique, car elle est composée d'énormément de sous-catégories. Les fournitures de bureau, les câbles électriques, les produits de beauté, les ustensiles de cuisine, les produits alimentaires, les produits et accessoires d'entretien, y compris pour la lessive… rien que d'y penser, tout cela est amplement suffisant pour ne plus savoir où donner de la tête. À une époque, j'ai moi-même rencontré des difficultés pour décider où ranger mes *komono*. Du simple fait d'y penser, je me sentais toute fébrile, et à la vue de tous ces objets aussi divers que variés étalés sous mes yeux, j'étais prête à abandonner. Je me réfugiais dans mon lit en souhaitant que de petits elfes viennent à mon secours et rangent tout ça pour moi pendant mon sommeil. Quand je me réveillais, je me retrouvais cependant confrontée à la réalité indéniable : rien n'avait changé. J'ignore combien de fois j'ai renoncé à tout espoir, debout, là, face à mes étagères. Mais ne vous inquiétez pas.

Le secret pour ranger rapidement et avec efficacité vos *komono*, c'est de déterminer la catégorie à laquelle ils appartiennent. Lorsque vous aurez identifié celles qui s'appliquent à votre intérieur, vous pourrez suivre ces trois étapes de base pour chacune d'entre elles :

Regroupez au même endroit tous les objets de cette catégorie.

Ne choisissez que ceux qui vous procurent de la joie.

Rangez-les par catégorie.

Vous aurez peut-être en commun avec des membres de votre famille certaines catégories de *komono*, néanmoins, la règle est de commencer par celles qui vous sont exclusivement personnelles. Si vous vivez seul(e), commencez par la catégorie qui vous plaira.

Si vous trouvez des *komono* qui ne vous procurent pas particulièrement de joie mais qui sont nécessaires, essayez néanmoins d'en faire l'éloge jusqu'au bout. Pensez à la façon dont ils vous ont facilité la vie, à leur aspect magnifique et à leurs merveilleuses caractéristiques, et dites-leur combien ils sont appréciables. En procédant ainsi, vous ne pourrez qu'éprouver de la reconnaissance pour ce qu'ils font pour vous, et voir comment ils vous simplifient la vie. Ils deviendront bien plus que de simples objets pratiques à votre disposition, et, à leur vue, vous ressentirez progressivement un frisson de joie. Si rien ne vous incite à faire des éloges, ou s'il vous semble injustifié d'en faire à un certain objet, alors n'écoutez que votre cœur.

En rangeant vos *komono*, une superbe occasion vous est offerte d'affiner votre sensibilité à la joie. Vos possessions contribuant considérablement à votre vie quotidienne, efforcez-vous de communier respectueusement avec elles, en faisant preuve de gratitude.

Les CD et les DVD

Bien que l'ordre à suivre pour ranger les catégories de *komono* dépende essentiellement de votre choix, la plupart des gens commencent tout d'abord par les CD et les DVD. Ce sera peut-être plus facile de sélectionner ceux qui vous procurent de la joie, étant donné que, en tant que sources d'information, ils entretiennent une certaine similarité avec les livres et les documents papier. Comme d'habitude, regroupez-les au même endroit, prenez chacun d'eux, et ne gardez que ceux qui vous rendent heureux. Si vous en avez plusieurs dont vous avez l'intention de vous débarrasser après les avoir téléchargés ou installés sur votre ordinateur, mettez-les dans la boîte des documents en attente que vous avez utilisée quand vous rangiez vos papiers. Si vous aimez les jaquettes et que le simple fait de les conserver vous rend heureux, gardez-les telles quelles.

Vous retrouverez peut-être des CD de valeur sentimentale offerts par des ami(e)s ou des ex, mais s'ils vous rappellent uniquement l'époque où vous écoutiez ce genre de musique, appréciez la nostalgie que vous éprouvez à ce souvenir, remerciez le CD avant de vous en débarrasser, et passez au suivant ! Quoi qu'il en soit, évitez de vous arrêter pour écouter de la musique ou regarder un DVD.

Les fournitures de bureau

Vous pourrez diviser cette catégorie des fournitures de bureau sous « matériel », « fournitures de papeterie » et « fournitures de correspondance ».

Le matériel

Dans cette catégorie sont regroupés les objets qui ne diminuent généralement pas de volume, comme les crayons, les ciseaux, les agrafeuses et les règles. Vous devriez vérifier que tous les stylos que vous n'avez pas utilisés depuis quelque temps fonctionnent toujours. Le moment est venu de vous débarrasser de tous ceux qui ne vous procurent plus de joie, y compris de ceux qui vous ont été offerts comme cadeaux publicitaires.

Il s'agit d'une catégorie diversifiée et caractérisée par toute une gamme d'instruments faits d'une grande variété de matériaux. Répartissez-les dans des compartiments bien ajustés et bien définis, et rangez-les à la verticale. Les petits objets, comme les boîtes d'agrafes, les gommes et les mines de graphite pour porte-mines se sentiront davantage en sécurité si vous les mettez dans des boîtes plus petites, par exemple des écrins à bagues.

Les fournitures de papeterie

Dans ces fournitures, on trouve tout ce qui est fait en papier, comme les carnets, les blocs-notes, les notes repositionnables et les chemises, ainsi que les articles servant à ranger les papiers, comme les dossiers et les classeurs en plastique.

Avez-vous des dizaines de carnets à moitié remplis ? Quand on entreprend un nouveau projet, il est naturel de se servir d'un nouveau carnet. Débarrassez-vous de tous ceux qui ont atteint leur objectif, à moins qu'ils ne vous procurent de la joie.

N'oubliez pas de ranger vos chemises en plastique transparent. Il s'agit de l'un des articles qu'il est le plus facile d'accumuler, et la détentrice du record parmi mes clientes en possédait 420. Elle a fini par en faire don à son entreprise.

Ranger les fournitures de papeterie à côté des documents et autres papiers est une pratique courante, étant donné qu'elles sont, somme toute, constituées du même matériau. Vous pourrez ranger à la verticale dans une petite boîte les petits objets, comme les calepins et les notes repositionnables, qui pourront ensuite être mis sur une étagère, ainsi, ils seront visuellement plus ordonnés.

Les fournitures de correspondance

Les fournitures de bureau pour votre correspondance portent très bien leur nom : feuilles de papier à lettres, enveloppes, cartes postales, etc. Je vous invite à ranger en même

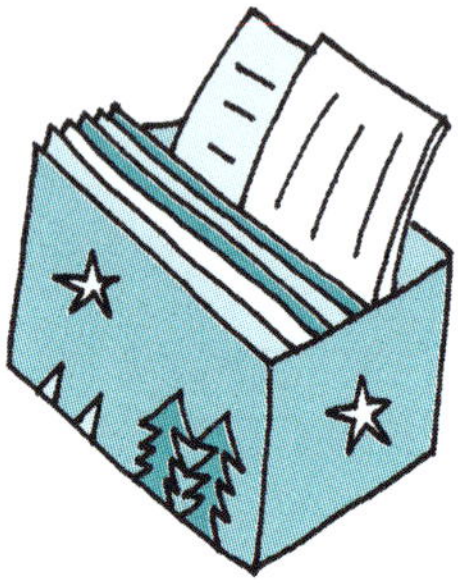

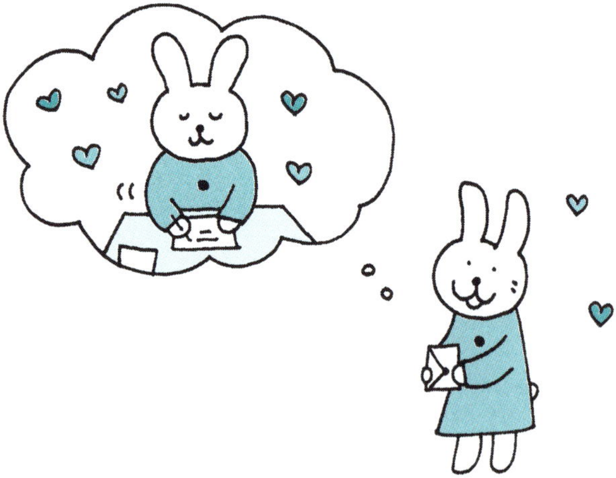

temps tous les articles servant à votre correspondance, comme les timbres et les étiquettes d'adresse.

À une époque, j'avais pour objectif d'exceller à rédiger des lettres de remerciement, rapidement et correctement. J'avais accumulé de nombreux coffrets de papier à lettres et d'enveloppes assorties, mais comme je ratais presque toujours l'occasion de poster la lettre, je finissais par envoyer mes remerciements par e-mail. Si votre coffret de correspondance ne vous procure aucune joie, vous n'aurez aucune motivation pour écrire. La règle d'airain consiste à ne conserver que les fournitures qui vous apportent l'inspiration. Vous tomberez probablement sur des articles comme des cartes postales achetées spontanément en voyage, et à propos desquelles vous vous demandez maintenant pourquoi diable vous les avez ramenées. Si leur étincelle a disparu, remerciez-les du souvenir et recyclez-les, mais assurez-vous de garder celles qui vous plaisent vraiment, même si vous ne les enverrez jamais.

Les *komono* électriques

Les *komono* électriques regroupent les objets comme les appareils numériques, les jeux électroniques portables et les ordinateurs. Si, toutefois, les appareils photo sont votre passe-temps, par exemple, et que vous possédez une multitude d'accessoires pour ces appareils, vous pourrez en faire une catégorie à part entière et vous en occuper ultérieurement.

De nombreuses personnes ont tendance à accumuler les vieux téléphones portables. L'un de mes clients en avait dix-sept !

Si vous êtes attaché sentimentalement à vos téléphones portables, ce qui explique que vous trouvez difficile de vous en séparer, occupez-vous-en quand vous trierez la catégorie de vos objets de valeur sentimentale. Si vous voulez récupérer les photographies qu'il contient, mettez le téléphone dans votre boîte des documents en attente, et n'oubliez pas de vous occuper de ces photos à un moment donné ! Si vous vous débarrassez de téléphones portables et d'ordinateurs, pensez à profiter de la panoplie de services que propose le département de recyclage des magasins d'électroménager et d'électronique.

Les câbles d'alimentation et les cordons électriques

Ces *komono* électriques sont les objets les plus populaires de cette catégorie et se retrouvent souvent bien emmêlés ! Avez-vous des chargeurs en trop qui traînent chez vous ? Et qu'en est-il de ces écouteurs provenant d'un appareil dont vous ne vous souvenez même plus ? En avez-vous vraiment besoin ?

Sortez ce genre de fils électriques des sacs en plastique où vous les aviez rangés, démêlez le tout et prenez-les tour à tour pour évaluer le sentiment de joie qu'ils éveillent ou non en vous. En procédant ainsi, vous pouvez être sûr que vous trouverez de mystérieux cordons impossibles à identifier, et qui n'ont donc aucune raison d'être gardés pour plus tard. Vous feriez bien de vous en occuper immédiatement. Si vous avez fini de ranger vos appareils électriques, la tâche consistant à assortir à un appareil un câble d'alimentation après l'autre en sera considérablement simplifiée. Tout fil électrique restant à identifier devrait être envoyé au recyclage, sans la moindre culpabilité.

Les cartes mémoire et les piles

Quand j'emploie le terme « électrique », je veux parler de tout ce qui « sent » électrique. Les appareils électriques diffusent une sorte d'odeur âcre forte, par conséquent, recherchez les *komono* électriques restants en vous fiant à votre sens de l'odorat.

En plus des cartes mémoire, des clés USB, des DVD vierges, des piles et des cartouches d'encre pour imprimantes, vous pourrez aussi classer dans cette catégorie tous les appareils électriques destinés à la santé et à la beauté. Quand je me rends dans des maisons où il y a plein de câbles d'alimentation branchés, ou toute une pléthore d'appareils électriques, on a l'impression dès le vestibule d'entrée qu'il y a dans l'air comme une charge d'électricité. Il est possible que cette sensation soit transmise à notre corps, étant donné que lorsque ces appareils sont tous débranchés et rangés, on ressent physiquement – comme par hasard – du soulagement.

Les produits de beauté

Les produits de soins pour la peau sont à base d'eau, de ce fait, la fraîcheur est indispensable. Voici le secret pour intensifier le sentiment de plaisir que vous éprouvez en prenant soin de votre peau : utilisez complètement ces derniers avant leur date d'expiration. Si vous gardez des échantillons de ces produits au cas où vous iriez en voyage, demandez-vous franchement si vous avez jamais pensé à les emporter lors de vos déplacements. Si ces échantillons correspondent aux produits dont vous vous servez, une solution simple sera de les ouvrir pour en transférer le contenu dans la bouteille que vous utilisez actuellement.

Si vous avez des produits de soins pour la peau que vous n'utilisez pas, mais que vous ne parvenez pas à jeter, ne les mettez pas de côté. Appliquez-les plutôt généreusement sur votre corps.

L'espace de rangement habituel pour les produits de soins pour la peau est dans la salle de bains, à proximité du lavabo, pour en faciliter l'application. Si vous n'en avez que quelques-uns, il sera plus facile de les ranger tous ensemble au même endroit. Vous pourrez ranger dans une boîte assez petite en les organisant de manière très ordonnée les petits articles, comme les échantillons, les tubes de crème contour des yeux, etc. Si vous manquez de place, attribuez-leur un coin en particulier dans votre placard ou sur une étagère où vous gardez des *komono*. Si vous en avez trop à ranger au même endroit, je vous suggère de les séparer en produits à usage quotidien ou à usage occasionnel.

Maquillage

Gardez à l'esprit que les produits de soins pour la peau doivent toujours être rangés séparément des produits de maquillage. Contrairement à ce que pensent la plupart des gens, les produits de soins pour la peau ne sont pas du maquillage. À mon sens, les deux catégories diffèrent par leur nature. Les lotions et les crèmes pour la peau sont onctueuses ou liquides, tandis que de nombreux produits de maquillage, comme les poudres et les blushs pailletés, repoussent l'eau. L'exposition à l'humidité contenue dans les produits de soins pour la peau risque en fait de compromettre la qualité d'un maquillage. Une seule goutte de lotion pour la peau qui tombe sur votre fard, par exemple, pourrait irrémédiablement le gâcher. C'est pourquoi il est préférable de ranger séparément vos produits de maquillage et de soins pour la peau. Certes, il sera peut-être nécessaire de les ranger dans le même tiroir, mais il sera plus sûr de les y séparer vraiment en mettant vos produits de soins pour la peau dans une boîte à part. Ainsi, vous pourrez les en sortir dans leur boîte, et les emporter ailleurs pour les utiliser.

Les produits qui appartiennent aux deux catégories, comme une crème liquide servant de base au maquillage et aussi de lotion pour la peau, peuvent être rangés dans l'une ou l'autre, comme c'est le cas des soins pour les cheveux. Il sera préférable de ranger les parfums comme les accessoires, c'est-à-dire à la vue de tous, ou alors à côté de vos produits de maquillage.

Quand vous rangerez ceux-ci, je vous conseille de vous montrer strict en sélectionnant ceux que vous garderez. Le moment est venu de dire au revoir à tous ces vieux produits ou à ceux qui ne vous conviennent plus.

Les produits cosmétiques se plaisent dans un joli coin. L'approche que j'applique à ces produits est la même que pour les accessoires : je les range dans une boîte à l'intérieur d'un tiroir, ou dans une boîte ou un nécessaire de maquillage. Si vous avez une coiffeuse, voilà l'endroit idéal pour vos produits de beauté. En posséder une est un plus. À peine 30 % de mes clientes en ont une, et je n'en ai rencontré qu'une seule qui savait en optimiser l'aspect esthétique. Généralement, le contraire se vérifie.

Prenons ma cliente M, par exemple. Quand je suis entrée dans sa chambre pour la première fois, son élégante coiffeuse en bois était dans un tel désordre qu'il me fallut un moment pour identifier la nature de ce meuble. Des produits et accessoires de maquillage étaient éparpillés partout sur le plateau : une bouteille de fond de teint liquide d'où s'échappait goutte

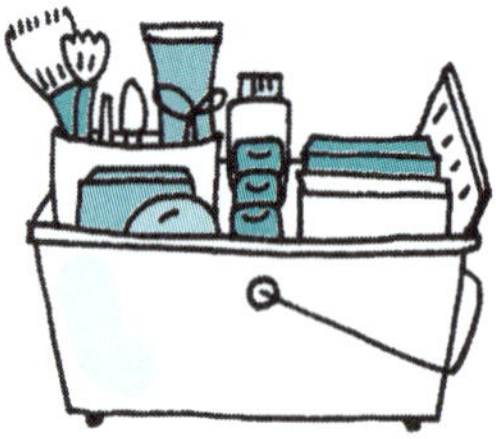

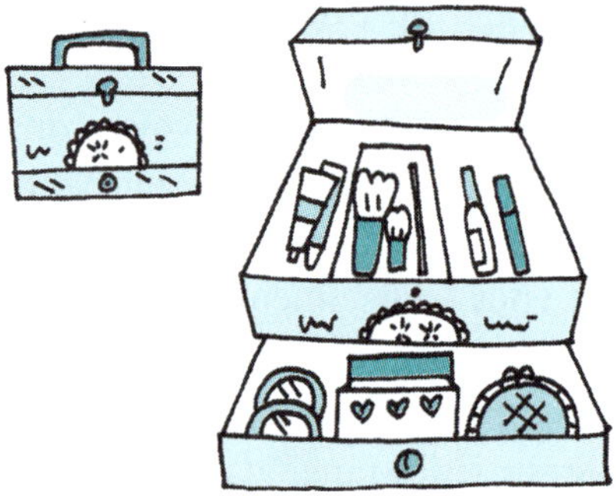

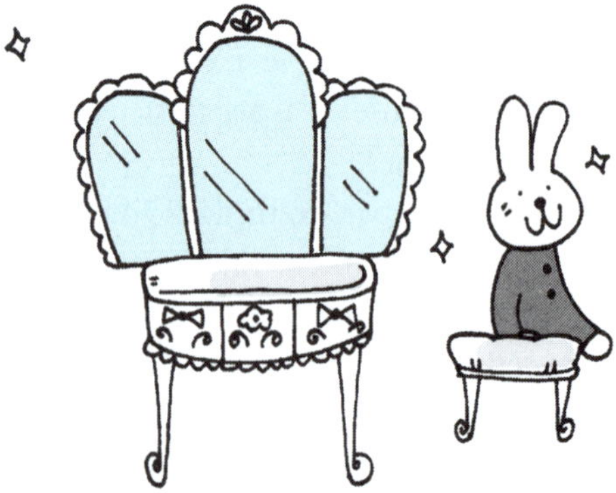

à goutte une coulure beige, un poudrier au couvercle fêlé, des boîtes de blush et de fard à paupières grandes ouvertes. Diverses brosses étaient dispersées à proximité. Des limes à ongles et des étuis de rouge à lèvres dépassaient comme des patères du tiroir du haut, peu profond, l'empêchant de fermer. Et une fine couche de poussière recouvrait l'ensemble, comme si ma cliente avait tamisé dessus du sucre glace. Cette coiffeuse me fit plutôt penser à un accessoire de décor de maison hantée qu'à un meuble consacré à la beauté féminine.

On pourrait croire que les personnes qui en ont une souhaiteraient qu'elle soit attrayante, néanmoins, dans de nombreux cas, mes clientes en ont fait une sorte de « parking » à produits cosmétiques. Moi-même, je n'en possède pas beaucoup et je suis tout à fait novice quand il s'agit de me maquiller. Quand S est venue me consulter pour des conseils, je venais d'envisager de me rendre dans un grand magasin pour y interroger les vendeuses du rayon beauté, curieuse de savoir s'il y avait des endroits spécifiques attribués au rangement de ces produits, ou encore de me renseigner auprès d'une amie douée pour le maquillage. Cela n'aurait pas pu mieux tomber ! S est maquilleuse professionnelle. En plus de donner des cours sur le sujet, elle a aussi travaillé pour *Paris Collection* et comme experte en maquillage pour des célébrités. Elle a depuis ouvert son salon où elle propose des conseils personnalisés.

La façon dont elle range ses produits cosmétiques et ses accessoires de beauté correspond tout à fait à ce qu'on attendrait d'une professionnelle. Quand je me suis rendue chez elle, elle venait de donner sa coiffeuse à une amie, et elle avait donc rangé ses produits de maquillage ainsi qu'un miroir pliant dans une simple boîte cubique. À l'intérieur, les produits cosmétiques étaient habilement organisés en catégories : les fonds de teint, les mascaras, les fards à paupières, les crayons de contour des yeux, les blushs, les rouges et brillants à lèvres. Tous les éléments et les accessoires étaient également classés par catégorie. Chaque fois que possible, les articles étaient rangés à la verticale, et le contenu était disposé de façon à ce que chaque chose soit repérable d'un coup d'œil.

« J'ai tout organisé par équipe. L'équipe 1 est composée de ce que j'utilise tous les jours, et l'équipe 2, de ce que je garde à disposition pour apporter des variations. L'équipe 1 comprend tout ce dont j'ai besoin pour réaliser complètement mon maquillage de base, et je la conserve rangée dans une pochette que j'emporte pour me refaire une beauté si nécessaire. Si vous maquiller vous demande trop de travail, ce n'est pas la peine d'insister. La règle de base pour ranger les produits de maquillage, c'est d'éliminer toutes les étapes qui ne sont pas indispensables. »

Elle insérait aussi des Coton-tige dans son porte-cartes, et sortait les fards à paupières de leur boîte pour composer sa propre palette originale. « Les boîtes sales de produits cosmétiques sont d'une telle vulgarité ! Il est indispensable d'essuyer souvent toutes celles contenant des poudres ou des fards pour qu'elles restent propres. Sinon, la beauté s'estompera peu à peu.

» Quant à la durée de conservation, les poudres se conservent deux ou trois ans après ouverture. Jetez les rouges à lèvres après un an environ, quand ils commencent à sentir l'huile. Les produits comme les fonds de teint liquides, qui sont plutôt des produits de soins pour la peau, ne se conservent eux aussi qu'à peu près un an. » Venant du point de vue d'une professionnelle, la durée de conservation des produits de beauté était considérablement plus courte que je m'y attendais. Dans mon travail, beaucoup de ceux sur lesquels je tombe traînent là depuis au moins cinq ans.

« Il n'y a aucune règle stipulant qu'on doit se maquiller, n'est-ce pas ? Cela signifie que, si vous voulez le faire, vous devez entretenir votre motivation. Je pense donc que cela vaut la peine de bien choisir quelques bons produits de maquillage. Le facteur plaisir est particulièrement important pour tout ce qui a un rapport avec ces produits. Après tout, le maquillage fait partie du rituel durant lequel vous vous préparez pour la journée. Si vous n'éprouvez aucune joie en procédant à votre routine matinale, alors vous passerez la journée triste. »

S a rapidement transformé mon cours sur le rangement en une conférence sur le maquillage, ce qui me permit d'obtenir de précieuses informations, au nombre de deux. Voici la première : pour qu'un espace de rangement pour les produits de maquillage soit utilisé efficacement, il faut que tout soit bien visible. Précisément parce qu'il y a tant d'objets dans cette catégorie, il est essentiel de pouvoir trouver celui que l'on cherche en un clin d'œil. Ranger chaque produit séparément, comme le fait S, est la meilleure façon de procéder. Pour ce faire, des compartiments sont indispensables, et il est donc préférable d'utiliser, comme les maquilleurs professionnels, une boîte à maquillage en comprenant de nombreux petits, ou de dénicher le type de boîtes vides ou d'éléments de rangement approprié.

Peut-être que, comme moi, vous n'avez pas assez de produits cosmétiques pour qu'il vaille la peine de vous soucier de prévoir autant de compartiments. Dans ce cas, l'approche la plus simple consistera à répartir vos produits et accessoires de beauté entre ceux que vous pourrez ranger verticalement et les autres. Cherchez-en un qui pourra contenir tous les accessoires qui peuvent rester à la verticale, comme une boîte en forme de tube ou de boîte de conserve, une tasse en verre, ou tout ce qui pourra faire l'affaire. Mettez-y les produits et accessoires debout (crayons, brosses, mascaras, crayons de contour des yeux). Vous pourrez simplement ranger ensemble les autres normalement, dans une pochette ou une boîte, par exemple, et même y ranger à la verticale les poudriers et les palettes de fards à paupières pour gagner de la place. Mais si vous avez suffisamment de place, il sera plus facile de les poser à plat afin d'en apprécier les couleurs, ainsi, le facteur plaisir sera intensifié. Par conséquent, organisez le rangement en fonction de ce qui vous plaît.

Les accessoires de relaxation

Ces dernières années, petit à petit, j'ai remarqué une hausse de la présence chez mes clients d'objets d'aromathérapie, comme des bougies et huiles essentielles, ce qui pourrait indiquer que de plus en plus cherchent à se détendre et à prendre soin de leur personne. Vérifiez chaque objet que vous aurez classé dans cette catégorie pour identifier ceux qui vous procurent de la joie, y compris les instruments de massage et d'acupression. Jetez les huiles essentielles ou les parfums d'ambiance périmés ou que vous ne trouvez plus à votre goût. En les rangeant, veillez à ce que ces objets favorisant la relaxation puissent eux aussi se détendre. Vous pourrez intensifier encore l'effet relaxant en choisissant un élément de rangement constitué de matériaux naturels, comme le rotin, et en recourant à des séparateurs.

Les médicaments

On pourrait penser que les médicaments ne sont jamais périmés, mais il n'en est rien. Vous en avez sûrement dans votre armoire à pharmacie qui ont depuis longtemps dépassé leur date de péremption. Il m'est arrivé de trouver une bouteille de Seirogan (la version japonaise du Pepto-Bismol[1]) qui

---

1. Médicament destiné à soulager un certain nombre de problèmes gastriques.

datait de plus de vingt ans, et l'odeur en était révoltante. Débarrassez-vous des médicaments périmés, ainsi que de tous ceux ne portant aucune date et dont vous n'avez aucun souvenir qu'ils vous aient été prescrits.

Les poser à la verticale dans votre armoire à pharmacie est la méthode de rangement la plus courante, mais si vous n'en avez pas beaucoup, je vous suggère de simplement tous les ranger dans une pochette si vous en avez une de disponible.

Les objets de valeur

Ma cliente, les mains sur les hanches, regarde intensément en soupirant tous ces *komono* qui ont envahi la pièce. « KonMari, je sais que vous m'avez dit de ranger les choses en fonction des matériaux, et je peux identifier sans trop me tromper le tissu, le papier et ce qui est électrique, mais comment suis-je censée identifier les autres ? »

« Sentez-les », lui ai-je répondu.

Un silence embarrassé s'ensuivit, tandis qu'elle me fixait du regard, interloquée.

« Fermez les yeux », lui dis-je. Je plaçai sous son nez trois objets, un par un, pendant une dizaine de secondes chacun, puis je lui demandai : « Que sentent-ils ? »

« Eh bien... hum... je ne saurais l'expliquer, mais on aurait dit de la petite monnaie. » Sa voix révélait qu'elle n'en était pas sûre, mais elle avait tout à fait raison. Les trois objets en question étaient un chéquier, un billet de 10 000 yens et un bon d'achat. Les objets classés dans la catégorie des

« objets de valeur », comme l'argent, les cartes bancaires et les coupons, sont essentiellement de la « monnaie ». Ils dégagent quelque chose qui diffuse le même arôme lourd, métallique. Ce sera peut-être plus facile de vous en faire une idée en pensant à l'odeur des pièces récemment frappées.

Il est intéressant de noter que ce qui donne des informations, par exemple les livres et les documents, qui sont eux aussi en papier, tout comme les chéquiers et les billets de banque, ont une odeur légèrement acide alors que les autres ont une odeur astringente, rappelant un peu celle du fer.

En me demandant si cette différence avait un rapport avec le concept du yin et du yang et des cinq éléments, j'ai découvert dans un ouvrage sur le feng shui que les livres sont répertoriés sous l'élément Bois, et la monnaie sous l'élément Métal. Dans un autre document de référence, j'ai trouvé au sujet du sens du goût que le bois est classé comme étant aigre, et la monnaie comme étant amère. Ces qualités pourraient être simplement liées à diverses caractéristiques d'ordre matériel, comme le type d'encre utilisé ou l'odeur de la moisissure qui se fait plus perceptible quand les livres sont empilés. Mais je ne peux que me féliciter de voir mon intuition confirmée par cette sagesse ancestrale.

Certaines personnes ne discernent pas comme moi de nuances distinctes dans une odeur, mais plus un client aura fait l'effort de réduire ses possessions, plus il ou elle acquiescera probablement en signe d'approbation. L'aura qui émane de vos objets changera en fonction du rôle qu'ils occupent dans votre vie, de la manière dont ils sont traités, et des caractéristiques des matériaux dont ils sont composés. Il se pourrait qu'ils n'aient aucune odeur, et pourtant, j'identifie la différence grâce à mon sens de l'odorat. Les sens humains possèdent des pouvoirs qui ne peuvent pas toujours être expliqués par la logique.

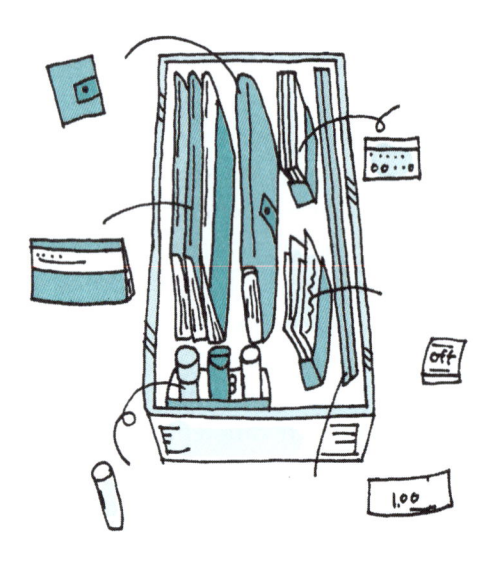

Quand vous sélectionnerez ce que vous voulez conserver, les objets de valeur constituent la seule catégorie où l'aspect pratique aura la priorité sur le facteur plaisir. Débarrassez-vous de tout ce qui est périmé, et gardez les objets que vous souhaitez utiliser ou déposer dans votre boîte des choses en attente, puis prévoyez une date pour tout terminer.

Parce que les objets constituant cette catégorie sont précieux, ils sont en quelque sorte également fiers. Ils devraient donc être rangés avec respect dans le tiroir d'une commode ou une boîte en bois, par exemple. Pour ranger des cartes, je vous recommande d'utiliser des boîtes de la dimension de celles contenant des cartes professionnelles. Je vous suggère de ranger toutes les cartes que vous ne portez pas habituellement sur vous, comme les cartes bancaires de secours, les cartes ayant un rapport avec la santé, etc., dans les poches en plastique d'un porte-cartes. Cependant, vous les attraperez plus facilement si vous les mettez à la verticale dans une boîte – une méthode de rangement qui s'avérera plus efficace. Les objets tels qu'un portefeuille, des devises étrangères et votre passeport, que vous utilisez généralement en voyage, seront aussi à classer dans cette sous-catégorie.

Parmi tout ce qui est regroupé dans la sous-catégorie des objets de valeur, le portefeuille s'apparente à un roi auquel vous ne pourrez jamais montrer suffisamment de respect. À proprement parler, c'est vraiment l'argent qui devrait être considérée avec respect, mais exposer de l'argent est dangereux. Si vous prenez un billet de cent dollars et que vous le posez sur une table, il perd tout de sa majesté passée. Il semble maintenant délaissé et embarrassé d'être ainsi pris au dépourvu. Mais dès que vous le remettez dans votre portefeuille, il retrouve sa dignité et irradie d'autorité.

Les portefeuilles, cependant, se fatiguent vite, car, généralement, on en sort l'argent sans ménagement. C'est votre portefeuille qui l'accueille de bonne grâce avec tout son fardeau émotionnel. Afin de le soutenir dans sa fonction de receveur, vous devriez lui attribuer un endroit où il pourra se reposer. Cela ne veut pas dire que vous avez à faire quoi que ce soit de compliqué. Comme toutes vos possessions, vous n'aurez qu'à trouver sa place idéale. **En prenant grand soin de votre**

portefeuille, vous éprouverez de la gratitude chaque fois que vous en avez besoin et, en réalité, cela ira jusqu'à changer la façon dont vous dépensez votre argent. Il n'est pas rare que j'entende ce genre de propos chez mes clients : « À présent, j'éprouve une telle gratitude quand je sors de l'argent de mon portefeuille. Grâce à lui, je peux manger trois fois par jour et acheter ce qui me plaît. Cette habitude a vraiment transformé la façon dont je dépense l'argent. »

Le nécessaire de couture

Permettez-moi de vous poser une question : utilisez-vous souvent votre nécessaire de couture ? De nombreuses personnes répondent qu'en un an, elles l'ont à peine touché, et certaines utilisent toujours celui qu'elles avaient reçu en cours d'économie domestique. Y a-t-il quelque chose dans votre nécessaire de couture que vous savez pertinemment que vous n'utiliserez jamais, mais que vous avez quand même laissé là ? Par exemple, il se pourrait que vous ayez accumulé un nombre considérable de dés à coudre ou de craies de tailleur, ou que vous ayez toujours ces bouts de feutre récupérés après avoir confectionné un vêtement il y a bien longtemps. Le moment est également venu de vous occuper de ces boutons que vous aviez l'intention d'utiliser, mais sans jamais trouver le temps de vous y consacrer.

Les outils

En plus des tournevis, des scies et des marteaux, cette catégorie comprend aussi les vis et les clous, ainsi que la clé hexagonale ou les roulettes livrées avec le meuble que vous avez acheté, et les boulons dont l'utilité demeure jusqu'à ce jour un mystère. Établissez la liste de ceux dont vous aurez besoin et ne gardez que ce qui est indispensable.

Les outils sont très solides par nature, par conséquent, nul besoin de règles spécifiques pour les ranger. Lorsque vous les aurez rassemblés, rangez-les à tout endroit encore disponible. J'ai réduit les miens au strict minimum, et je les ai mis sur une étagère, dans une pochette.

Les *komono* de loisir

Pour se consacrer à ses centres d'intérêt, que ce soit l'art floral, la calligraphie ou la danse hawaïenne, il est fréquent de prendre des cours, et bon nombre de ces passe-temps nécessitent un équipement spécifique. Si vous ne vous adonnez qu'à un seul de vos centres d'intérêt, disons à la calligraphie, attribuez un espace de rangement à tout le matériel qui y sera nécessaire. Même si vous avez plusieurs centres d'intérêt, je vous suggère d'assigner un seul espace de rangement aux *komono* dont vous aurez besoin pour vos loisirs. Si vous avez du matériel et des instruments venant d'activités que vous avez abandonnées car elles ne vous apportaient plus de joie, le moment est venu de vous en séparer. Vous serez surpris du bien que cela vous fera.

Les objets de collection

Parmi ces objets, on trouve les figurines, tout l'attirail d'un bon membre de fan-club, ceux qui se rapportent à un thème spécifique, ou tout autre objet que vous collectionnez sans raison apparente, si ce n'est que vous ne pouvez simplement pas y résister. Avez-vous laissé de tels objets dans leur emballage d'origine avant de les remiser dans une boîte en carton comme s'ils ne vous procuraient aucun plaisir ?

Ranger les objets que vous collectionnez vous demandera du temps, par conséquent, le plus important, c'est de vous assurer d'en prévoir suffisamment pour vous y consacrer. Soyez prêt à y passer toute une journée. Appliquez la même approche de base. Rassemblez tout au même endroit, puis prenez chaque objet entre vos mains pour vérifier s'il vous procure ou non une étincelle de joie. Au début, vous vous direz peut-être : « Je ne pourrai pas me résoudre à jeter ça », mais si vous reprenez les objets en question, il y a de fortes chances que vous en trouviez plus d'un qui ne vous concerne pas plus que ça. Lorsque vous aurez décidé lesquels garder, séparez-les dans les catégories que vous aurez personnellement déterminées, puis présentez-les le plus harmonieusement possible pour y trouver votre plaisir.

Les objets que vous avez gardés « sans raison apparente »

Cette catégorie de *komono* est constituée des objets que vous avez gardés sans trop savoir pourquoi, comme des parties métalliques venant à l'origine d'une montre-bracelet et que vous n'avez jamais utilisées, des épingles à cheveux que vous avez retirées et simplement laissées traîner, des boutons de rechange, de vieux étuis de téléphone portable, ou un assortiment de porte-clés. Il est fort probable que vous vous débarrasserez quasiment de tous. Rangez ceux que vous garderez à proximité d'objets vous paraissant de nature similaire. Par exemple, les épingles à cheveux seront à ranger avec les accessoires pour cheveux, et les boutons dans le nécessaire de couture. Lorsqu'elles auront une place attitrée et des « compagnons », ces choses qui semblaient auparavant égarées, sans adresse fixe, retrouveront tout leur éclat.

Le linge de lit

Si vous vivez en famille ou que vous avez simplement une quantité considérable de linge de maison, considérez que cela fait partie de la catégorie des *komono*. Pour en évaluer le potentiel à susciter la joie, ne vous contentez pas de le toucher. Sentez-le ! Le linge qui n'est pas utilisé très souvent a tendance à s'imprégner des odeurs de façon assez surprenante. Et quoi que vous fassiez, ne laissez pas dans leur emballage hermétique les draps ou les taies d'oreiller, car le plastique retient l'humidité. Au cours de ma carrière, j'ai vu tant de draps qui se sont retrouvés moisis faute d'avoir été sortis de leur emballage, que je ne pourrais les compter. Si vous en avez qui sont encore emballés, je vous recommande vivement de les sortir dès maintenant à l'air libre, et de les utiliser. Vous éviterez ainsi un tel gâchis.

Quand vous vous occuperez du linge de lit, rangez non seulement les couvertures et les oreillers, mais aussi vos coussins. Jetez tous ceux qui ne vous procurent plus de joie, soit parce qu'ils sont maintenant usés et en piteux état, soit parce que cela fait un an que vous ne les avez pas utilisés. Lorsque vous aurez inspecté votre linge de lit, vérifiez ensuite celui que vous réservez aux invités. Dans les maisons traditionnelles japonaises, toute la literie, qui comprend les matelas futons, les draps, les couvertures et les édredons, est rangée dans l'armoire. Étant donné que le linge de lit réservé aux invités n'en est pas souvent sorti et que le Japon est un pays avec un taux d'humidité élevé, il n'est pas rare que mes clients découvrent que leur linge a moisi.

Les serviettes de toilette

Une armoire dans la salle de bains ou à proximité est l'espace de rangement le plus courant pour les serviettes de toilette, mais si vous n'avez que peu de place, je vous suggère de les ranger dans un tiroir de votre armoire. Même ces serviettes que vous avez l'intention d'utiliser comme chiffons avant de les jeter devraient être pliées puis rangées posées à la verticale, et non pas fourrées dans un sac. Vous saurez ainsi combien vous en avez, ce qui vous évitera de trop en garder en réserve.

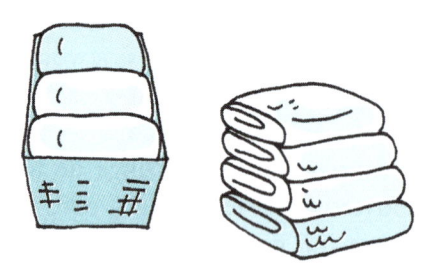

Les jouets en peluche

Les peluches sont les objets de valeur sentimentale les plus populaires, et ce sont parmi ceux dont il est le plus difficile de se séparer. Quand j'étais adolescente, à l'époque où j'étais obsédée par le rangement au point d'être pratiquement devenue un robot programmé pour se débarrasser, je fus incapable de me résoudre à jeter un certain animal en peluche – Koro-chan, un chow-chow marron qu'on m'avait offert quand j'étais petite, et qui, à ce moment-là, était aussi grand que moi. J'avais toujours voulu un chien, et je le traitais en tout point comme un animal de compagnie. Je lui donnais un bol rempli de billes que je considérais comme de la nourriture pour chiens. À l'école élémentaire, j'aimais m'asseoir tout contre lui pour lui raconter tout ce qui m'était arrivé dans la journée. Mais au fil du temps, je jouais de moins en moins avec lui, jusqu'au jour où il fut relégué à côté de la télé, où je ne le touchais quasiment plus.

Environ un an plus tard, chaque fois que j'étais à la maison, j'avais l'impression d'être un peu enrhumée. Dans mon domaine professionnel, la poussière vole constamment, néanmoins, cela n'avait jamais été un problème pour moi. Mais à cette époque, je faisais manifestement une allergie à la fourrure des animaux. Chaque fois que j'étais en contact avec l'un d'eux, mon nez commençait immédiatement à me chatouiller. Les seuls animaux de compagnie que nous avions à la maison, cependant, étaient des poissons, des guppys. Pour quelle raison ai-je le nez qui coule ? me demandais-je.

« Il se pourrait que ce soit Koro-chan », suggéra ma mère.

En regardant mon chien en peluche, je remarquai subitement qu'il était tout poussiéreux. Ses pattes de devant s'étant écartées sous le poids de son corps, sa tête s'était affaissée au niveau du sol, ce qui en faisait un superbe ramasse-poussière. « J'en déduis qu'on va devoir s'en débarrasser. Tu as plein d'autres peluches, de toute façon », me dirent mes parents, mais je m'opposai à ce qu'ils l'emmènent loin de moi.

Je le nettoyai avec l'aspirateur et le mis au soleil, mais rien n'y fit. Mon nez continua de couler et, finalement, je n'eus d'autre choix que de me séparer de lui. Mon père et moi l'avons mis dans un sac en plastique, puis debout, les mains jointes, nous nous sommes inclinés devant lui en disant « merci pour tout », avant de l'emporter pour le mettre à la poubelle. Tout fut fini en quelques instants, mais ce fut la première fois de ma vie où je me sentis aussi partagée quant au fait de jeter un objet.

Je n'oublie jamais de remercier ceux dont je m'apprête à me débarrasser, mais je traite avec d'autant plus de considération ceux qui semblent être doués d'une âme, comme les animaux en peluche. Je compare cela à l'organisation d'une cérémonie d'adieu. Si les peluches et les poupées sont si difficiles à jeter, c'est parce qu'elles paraissent si vivantes. Je pense que cela est dû à leurs yeux, qui semblent nous suivre. Je ne pourrais vous dire le nombre de fois où mes clients m'ont confié : « J'ai mis toutes mes peluches dans un sac en plastique, mais leurs yeux semblaient m'implorer, alors j'ai fini par les ressortir de là, tout simplement. » Ce n'est guère surprenant. Je peux encore me souvenir des yeux implorants de Koro-chan qui me regardaient au travers de ce sac en plastique.

L'énergie réside dans les yeux, c'est pour cette raison qu'il vaut mieux les recouvrir au moment de se débarrasser de ce type de jouets. Quand leurs yeux sont cachés, les peluches et les poupées ressemblent davantage à des objets, ce qui facilite considérablement la séparation. Voici la solution la plus simple : recouvrez leur visage d'un morceau de tissu ou de papier. L'une de mes clientes avait un chat en peluche vêtu d'un tee-shirt qui nous servit à lui couvrir le visage. Le résultat s'avéra plutôt comique, ce qui permit à ma cliente de s'en séparer de meilleure humeur.

Si, néanmoins, vous rencontrez toujours des difficultés, essayez le rite de purification japonais en jetant un peu de gros sel pour inciter les esprits à partir. Si vous trouvez difficile de vous séparer de quelque chose, abordez cette séparation comme une sorte de cérémonie d'adieu, ainsi, vous ressentirez peut-être moins d'ambivalence. À propos, au Japon existe un temple où sont célébrés ces cérémonies pour les poupées, on leur couvre le visage d'un tissu pour qu'elles restent propres, et on attache aussi leurs cheveux. Ce que je viens de vous suggérer suit manifestement le cérémonial approprié.

L'équipement de loisir

Ces objets se présentent dans toutes les formes et les couleurs, des paniers de pique-nique aux raquettes de badminton en passant par les ballons, skis, luges et l'équipement pour la pêche. Gardez sans hésitation tout ce qui vous procure de la joie, même si vous ne les utilisez pas très souvent, ou si c'est simplement le fait de les voir qui vous rend heureux. Si vous rangez vos objets de loisir dans des sacs en plastique, ils vous feront plutôt penser à des ordures, et vous risquez de les utiliser bien moins souvent que vous le feriez autrement. Si vous devez les garder dans un sac, choisissez-en un qui vous plaît vraiment.

Les objets utilisés saisonnièrement

Dans cette catégorie, on trouve des objets de taille imposante, comme les sapins de Noël artificiels, ou plus petits, comme les ornements et les décorations pour les fêtes. Ne gardez que ce que vous voulez vraiment utiliser pour décorer à la saison prochaine. Je vous suggère de les ranger par thème. Afin d'éviter de les oublier à l'approche de leur saison, étiquetez la boîte ou le tiroir où vous les avez rangés. Commencez sans tarder à mettre en valeur tout ce qui est de saison.

Le kit de secours

Pendant votre marathon du rangement, voici venu le moment idéal d'effectuer une vérification complète des fournitures que vous gardez à portée de main en cas d'urgence ou de catastrophe, comme des casques, des kits de survie en cas de séisme, des torches, une radio, des toilettes portables, etc.

Avez-vous en réserve des rations de nourriture ou des produits de santé qui ont expiré, ou encore une radio qui n'est plus en état de marche ? En mettant de l'ordre dans cette catégorie, nombreux sont ceux qui découvrent des articles destinés à atténuer l'impact des catastrophes et qu'ils n'ont pas eu l'occasion d'utiliser, comme des accessoires d'arrimage pour empêcher les meubles de basculer pendant un tremblement de terre. Si vous découvrez l'un de ces objets, utilisez-le dès maintenant. Le kit de secours est généralement rangé du côté de la porte, comme dans le placard à l'entrée. Assurez-vous que tous les membres de votre famille savent où le trouver, en cas de besoin.

Les vêtements de pluie

Si chaque personne dans votre foyer a un parapluie, vous devriez en avoir suffisamment. Soyez vigilant avec ceux en plastique, que l'on a tendance à voir s'accumuler. Au fil du temps, le plastique reste collé et jaunit, par conséquent, ouvrez-les pour voir s'ils sont toujours utilisables. L'une de mes clientes qui vit seule en avait vingt-deux. Elle a malheureusement dû quasiment tous les jeter. Après avoir rangé vos parapluies, occupez-vous de tout autre objet qui protège de la pluie.

L'équipement de cuisine

Une de mes clientes que j'appellerai « H » vivait dans un appartement de trois pièces avec son mari et leurs deux filles. « Ma cuisine est tellement en désordre que j'ai du mal à l'utiliser », m'a-t-elle dit. Elle m'a conduite dans une pièce d'environ deux mètres carrés. Si je devais la décrire en un mot, ce serait « grise ».

La vaisselle du petit déjeuner était toujours empilée dans l'évier. Une bouteille de liquide vaisselle et une éponge trempée étaient posées sur une tablette grillagée fixée par des ventouses à côté du robinet. À droite, un grand égouttoir occupait plus de la moitié du plan de travail. Il y avait tellement de vaisselle qu'on aurait pu penser que H avait fait la fête. « Mon égouttoir me sert en fait de vaisselier », me dit-elle en riant. Des marques d'eau se superposaient en couches successives qui couvraient l'évier, qui en paraissait presque blanc.

Je reportai mon attention sur la cuisinière. Manifestement, H laissait en permanence sa poêle à frire sur l'un des brûleurs par manque de place où la ranger, et un présentoir en métal à côté du fourneau était on ne peut plus rempli de flacons d'épices. Des bouteilles de sauce soja, de vin utilisé pour la cuisine et d'autres ingrédients étaient alignés devant. Un panneau de protection en aluminium, dont la fonction consistait à récupérer les projections d'huile derrière la cuisinière, était maintenant si graisseux qu'il semblait hurler : « Arrêtez ! »

« On peut dire qu'on vit ici, me dit H. Je veux vraiment remettre tout ça en ordre. » Elle ajouta que tout ce qu'elle parvenait à faire, c'était de préparer les repas. Ranger les choses à leur place lui semblait être une telle corvée, et il suffisait qu'elle se trouve dans cette pièce pour se sentir désespérée.

Je ne pense pas que les cuisines doivent être impeccablement rangées à tout moment, et, par ailleurs, je n'ai rien contre celles qui semblent être bien mises à contribution. **Tout ce dont vous avez besoin, c'est d'une pièce où vous**

aimerez cuisiner. Dans les bons établissements de ramen, par exemple, il peut arriver que la cuisine soit en grand désordre, mais les plats n'en sont pas moins délicieux tant que le chef prend plaisir à préparer les meilleures nouilles.

Dans quel genre de cuisine est-il agréable de cuisiner ? Voici les réponses habituelles de mes clients : « Une cuisine qui est toujours propre », « Une cuisine où tout ce dont j'ai besoin est à portée de main », ou « Une pièce où je peux mettre mon plus joli tablier et cuisiner dans mes marmites et mes casseroles préférées », chose que vous pourrez facilement faire en allant acheter les ustensiles qui vous plaisent, par conséquent, nous ne nous en occuperons pas pour le moment. La première réponse fait référence au nettoyage, et non au rangement. La seule pour laquelle le rangement pourrait apporter une solution est la deuxième – tout avoir à portée de main. Cependant, il s'agit en réalité d'une grande méprise.

À une époque, j'étais obsédée par l'idée de trouver la meilleure façon de ranger les choses dans la cuisine, pour que les ustensiles soient facilement accessibles. Je lisais tous les articles de magazine que je pouvais glaner sur l'agencement des cuisines, je fixais des crochets au mur pour y suspendre mes casseroles et leurs accessoires. Je prétendais cuisiner pour évaluer la distance de mon bras à chaque endroit afin de repérer la meilleure place où ranger mes assaisonnements. Et quel en fut le résultat ? Je laissais tout sur le plan de travail au lieu de le ranger dans le placard. C'était en effet plus facile d'atteindre tout ce dont je pouvais avoir besoin, mais l'huile et l'eau éclaboussaient partout et laissaient une fine couche graisseuse dans toute la cuisine. Alors, toute la joie que j'avais pu éprouver aux fourneaux se dissipait.

La facilité de nettoyage comme critère de rangement

Pour comprendre d'où pouvait bien me venir cette idée de la cuisine idéale comme pièce où tout se trouve à portée de main, j'ai posé la question autour de moi. Presque tous ceux à qui j'en ai parlé imaginaient la cuisine d'un restaurant ou d'un café. Afin de chercher à percer le secret de ce genre de cuisine, j'ai été autorisée à observer celle d'un restaurant entre le déjeuner et le dîner. Ayant revêtu un tablier et un calot, armée de mon appareil photo et de mon fidèle carnet, j'y fis mon entrée, pleine d'anticipation, m'attendant à découvrir les ficelles du métier. Mais quelle déception ! À part la méthode habituelle, c'est-à-dire tout ranger par catégorie dans la cuisine tout en inox – la vaisselle, les faitouts, les casseroles et les divers ustensiles –, pas une seule astuce de rangement en vue.

Suite à mes observations, je me rendis compte que dans les restaurants, c'est le style de plats servis, que ce soit de la cuisine italienne ou japonaise, qui détermine surtout les assaisonnements et les ustensiles nécessaires. De ce fait, il n'y a jamais davantage d'objets rangés dans la cuisine. De surcroît, les cuisines des restaurants sont conçues pour un tout autre usage que celles des habitations, avec de nombreuses étagères murales sans portes du sol au plafond.

Je pensai que ma visite dans ce restaurant n'avait été qu'une perte de temps, lorsque les chefs revinrent préparer le repas du soir. Je dégageai le passage et les regardai travailler d'un œil distrait, lorsque, brusquement, je remarquai un détail crucial. Les cuisiniers s'activaient, leurs gestes étaient à tout moment rapides et efficaces, mais leur rapidité et leur efficacité étaient le plus notables non pas quand ils étaient occupés à cuisiner, mais chaque fois qu'ils s'arrêtaient pour essuyer l'évier ou le plan de travail. Ils passaient un chiffon sur toutes les surfaces après chaque utilisation, et quand ils avaient terminé de se servir d'une poêle, ils en frottaient l'huile avec une brosse à long manche. À la fin de la journée, ils nettoyaient toutes les surfaces, y compris la cuisinière et les plans de travail, mais aussi les murs. Quand j'ai demandé au chef cuisinier quel était son secret pour remettre de l'ordre dans une cuisine, il m'a répondu : « Pour remettre de l'ordre dans une cuisine, il faut en essuyer toute l'eau et toute l'huile. »

Par la suite, j'ai observé les cuisines d'autres restaurants, mais elles étaient toutes similaires. **La priorité n'était pas tant la facilité d'utilisation que la facilité de nettoyage.** Lorsque j'en pris conscience, je renonçai à disposer les choses afin qu'elles soient facilement accessibles, et je me concentrai plutôt sur le rangement de tout dans les placards, y compris du porte-savon et des assaisonnements. Vous pourriez penser que cela risque de tout remplir au point que vous n'arriverez plus à y retrouver ce dont vous avez besoin, mais n'ayez crainte. Il est vrai que, lorsque la cuisine de mes clients est rangée, les placards sont pleins à craquer tandis qu'il n'y a strictement plus rien sur le plan de travail pour l'encombrer. Pour prendre une poêle, il faut la sortir de sous une pile de faitouts et de casseroles, mais quand je demande à mes clients s'ils trouvent cela contraignant, ils répliquent presque toujours : « En fait, non. Ça ne m'a pas dérangé une seule fois. » Ils répondent souvent avec le sourire, avant d'ajouter : « En fait, j'ai du mal à croire que je suis devenu aussi consciencieux, je nettoie le dessus de la cuisinière après chaque utilisation ! Ce n'est pas tant que ma cuisine soit maintenant facile à nettoyer… mais à présent, j'ai envie de m'en occuper. »

Curieusement, quand vous êtes dans une cuisine facile à nettoyer, une cuisine qui semble toujours impeccable, l'effort demandé pour sortir les choses des placards ne semble apparemment déranger personne. Si vous voulez une cuisine où vous apprécierez de cuisiner, optez pour une cuisine facile à nettoyer. La meilleure façon d'y parvenir, c'est de veiller à ne rien laisser sur les plans de travail, ou autour de l'évier et au-dessus de la cuisinière. Si vous concevez vos espaces de rangement en gardant cet objectif à l'esprit, vous serez surpris par la facilité d'utilisation de votre cuisine. Il va sans dire que si vous avez un plan de travail particulièrement spacieux, vous pourrez y ranger certaines choses à l'abri des projections d'huile ou d'eau éventuelles.

Certains d'entre vous se disent peut-être que seul un célibataire réussira à ranger les choses ailleurs que sur le plan de travail, cependant, la moitié de mes clients ont des enfants. Avant que nous commencions, ils étaient tous persuadés qu'ils ne pourraient jamais laisser leur plan de travail sans rien dessus, or, chacun d'eux y est parvenu. De ce fait, je vous assure que si vous aussi, vous en avez la volonté, vous y parviendrez.

Mon mari cuisine beaucoup, et chaque fois qu'il a terminé, la cuisine est si propre que j'en arrive à me demander s'il l'a vraiment utilisée. Et ce n'est pas parce qu'il cuisine des choses simples ! Comparées à mon approche « facile à nettoyer », « une casserole par repas », ses préparations culinaires sont relativement complexes. Il servira un plat élaboré de tofu frit mariné dans du malt de riz et du saké, accompagné d'une banane frite dans de l'huile de coco avec une sauce balsamique. Quand je lui ai demandé comment il procédait, il m'a dit qu'il avait trois secrets. Il sort tous les ustensiles et les ingrédients avant de commencer, afin d'éviter tout mouvement inutile au cours de la préparation. Il range chaque ustensile ou ingrédient dès qu'il n'en a plus besoin. (Ce sera très efficace si vous vous occupez de tous les objets d'une même catégorie en même temps, comme quand vous rangez.) Finalement, après avoir cuisiné avec de l'huile, il nettoie tout à l'eau chaude immédiatement. Si vous voulez, essayez cette méthode, et voyez si elle fonctionne pour vous.

Cela pourrait paraître contre nature, mais je recommande à mes clients de ranger les porte-savons et éponges loin de l'évier. Faites-leur plutôt de la place dans le placard en dessous, ou au dos de la porte du placard. Cela vous demandera peut-être un peu plus d'efforts, mais si vous essayez cette approche, je suis sûre que vous ne laisserez plus jamais ce genre de choses sur le plan de travail.

Il est rare que je tombe sur une poubelle qui inspire de la joie à quiconque, alors rangeons-la aussi sous l'évier. La dernière chose qui reste maintenant à ranger, c'est le composteur où vous mettez vos épluchures. Depuis que j'ai quitté la maison parentale, je n'ai jamais mis mes épluchures dans ce type de bac. De ce fait, ma cuisine ne sent jamais les poubelles. Alors qu'est-ce que je fais des déchets organiques ? Je les range dans un coin réservé, dans le congélateur, après les avoir bien égouttés. Quand je cuisine, je mets dans un sac toutes les épluchures de fruits et de légumes, les os de poulet, etc. Deux fois par semaine, les jours habituels de ramassage des ordures, je me débarrasse de ce sac.

J'ai commencé à procéder ainsi après m'être souvenue que ma mère congelait les entrailles du poisson qu'elle venait de vider pour éviter que cela empuantisse la cuisine. Je suis sûre que certaines personnes feront la grimace à l'idée de mettre des déchets organiques là où ils conservent leurs surgelés, mais je congèle mes épluchures avant qu'elles aient commencé à se décomposer. Pour moi, elles font donc simplement partie de mes aliments, et ne sont pas des ordures. Si les mettre dans un sac en plastique biodégradable ne vous enchante pas vraiment, je vous suggère d'utiliser un sac en papier ou un récipient en plastique pour compartimenter encore le coin réservé aux épluchures dans le congélateur.

Le moyen le plus sûr d'échouer, c'est de commencer par ranger la cuisine

« Oublions le reste. Dites-moi simplement comment ranger ce qu'il y a dans ma cuisine ! »

Avez-vous déjà eu ce type de réaction ? Je suis sûre qu'au moins quelques-uns d'entre vous sont en train de penser : « C'est tout à fait moi, ça ! » Mais les personnes qui souhaitent commencer par leur cuisine sont presque toujours celles qui ne sont même pas encore parvenues à ranger leurs vêtements.

Ce n'est pas un problème si, pendant que vous êtes en train de ranger vos vêtements, vous commencez à réduire le nombre de choses dans la cuisine, ou à réorganiser les tiroirs qui s'y trouvent chaque fois que vous les utilisez. Cependant, au cours d'un marathon du rangement bien comme il faut, les participants qui se mettent à ranger leur cuisine sans avoir terminé le processus de sélection des objets qu'ils aiment abandonnent presque toujours avant la fin.

S'il existe un ordre de rangement, c'est pour les deux raisons suivantes. La première est liée à notre capacité à identifier ce qui nous procure de la joie. Si on ne perfectionne pas cette faculté avant de s'occuper des objets divers (*komono*) utilisés en cuisine, la catastrophe est imminente. Les sous-catégories de cette catégorie sont nombreuses, et il faut du temps pour les ranger une bonne fois pour toutes. Il est très facile de se sentir perdu au cours de ce procédé, et quand cela se produit, on peut finir par y travailler durant des heures sans arriver à rien, si ce n'est de rouvrir les yeux à deux heures du matin et, le cœur gros, se retrouver confronté à une étendue infinie de vaisselle, d'assaisonnements, de faitouts et de casseroles.

Pour atteindre la ligne d'arrivée de votre marathon du rangement, il faut tout d'abord apprendre à percevoir ce sentiment fiable qui vous permettra de savoir ce qui vous procure de la joie, en commençant par les vêtements, les livres puis les documents, avant de vous attaquer aux *komono* de la cuisine. Vous ne manquerez sans doute pas de vous demander comment une louche ou une spatule à riz peuvent inspirer de la joie à quiconque, mais si vous avez rangé vos possessions dans le bon ordre et commencé à vivre une vie dans laquelle vous chérissez celles qui vous restent, vous serez en mesure de discerner de manière certaine la joie, même dans des objets purement utilitaires.

La deuxième raison pour laquelle il est important de ranger dans le bon ordre est simple : cela vous évitera de gaspiller votre argent en achetant inutilement des éléments de rangement. La cuisine, remplie d'ustensiles de dimensions variées, nécessite le volume d'éléments de rangement le plus important au mètre carré. Cependant, quasiment aucun de mes clients n'a été contraint d'investir dans des éléments supplémentaires, étant donné qu'au moment où ils commencent à remettre leur cuisine en ordre, ils ont suffisamment de séparateurs de rechange et de tiroirs disponibles après avoir réduit le nombre d'articles dans les autres catégories.

Les boîtes en plastique transparent nécessaires au rangement des fournitures de bureau et les tablettes grillagées utilisées dans les placards fonctionneront si bien sous l'évier qu'on aura l'impression qu'elles ont été conçues à l'origine dans ce but. Cette merveilleuse satisfaction que l'on éprouve en constatant qu'au final, les espaces de rangement chez soi s'équilibrent superbement, ne peut être comprise que quand on en a fait l'expérience en personne. Cela serait dommage de rater ce moment de plaisir après avoir brûlé les étapes et acheté de nouveaux éléments de rangement. Il va sans dire que vous devrez vous équiper si vous venez d'emménager seul, ou si vous n'avez aucun élément ou meuble de rangement. Lorsque vous aurez par ailleurs terminé de remettre de l'ordre et de ranger, il se pourrait que vous décidiez d'en acheter d'autres qui vous procureront davantage de joie que les anciens.

Alors, comment allez-vous remettre votre cuisine en ordre ? Tout d'abord, permettez-moi de vous donner quelques précisions : vous n'allez pas la ranger. Vous allez ranger les *komono* qui en font partie. Rangez-les par catégorie, et non par emplacement. Rassemblez tous les objets de la même catégorie au même endroit et ne gardez que ceux qui vous procurent de la joie.

Les trois catégories principales de *komono* de cuisine sont la vaisselle et les couverts, les ustensiles et la nourriture. Si vous vivez seul, je vous suggère d'attendre d'avoir fini de constituer ces trois catégories avant de les ranger, puis de tout faire dans la foulée. Si vous vivez en famille et que vous avez beaucoup de *komono* de cuisine, ou si vous avez un placard à vaisselle digne de ce nom, vous pouvez commencer par sélectionner les pièces de vaisselle que vous souhaitez garder, puis les ranger dans ce placard, avant de poursuivre avec les ustensiles de cuisine et les produits alimentaires, qui pourront être rangés dans tout espace encore disponible.

De nouveau, il est impératif de terminer au préalable de vous débarrasser. Sortez des placards de la cuisine tout ce qui est classé dans les trois catégories principales, et alignez-les pour achever convenablement votre sélection. Lorsque vous aurez fini de trier ce que vous voulez garder et que tous vos espaces de rangement dans la cuisine auront été vidés, rangez les objets de la même catégorie au même endroit.

La vaisselle

Nous étions cinq dans ma famille, et notre placard à vaisselle était toujours rempli. Le surplus débordait des placards au-dessus du plan de travail. Même chose pour celui à côté du réfrigérateur et dans le couloir. Quand j'étais étudiante, je me sentais tellement obligée d'intervenir pour améliorer le rangement de la vaisselle que je me levais à quatre heures du matin pour me faufiler dans la cuisine avant que ma mère ne se lève pour préparer à manger. Encore en pyjama, je grimpais sur le plan de travail, j'inspectais l'intérieur des placards et je réorganisais la vaisselle, en l'empilant chaque fois différemment, sans résultat. J'avais même acheté quelques éléments de rangement pour l'entreposer à la verticale, tout comme des *komono*, mais cela fit perdre tant d'espace entre chaque pièce qu'il me fut impossible de les remettre en totalité dans le placard.

Au cours de ces tentatives, il me vint à l'esprit que lorsque plusieurs personnes vivent sous le même toit, on prend souvent plusieurs pièces de vaisselle à la fois. Il est simplement beaucoup plus efficace d'en sortir ou d'en ranger toute une pile. Évidemment, le problème chez nous devait venir purement et simplement de la quantité de vaisselle entreposée. Pour en revenir à l'essentiel, j'ai inspecté à nouveau nos placards, où j'ai fait de surprenantes découvertes. Pour commencer, nous

La vaisselle et les couverts

Les ustensiles et casseroles

Les produits alimentaires

avions suffisamment de vaisselle pour ouvrir une cafétéria, alors que nous utilisions les mêmes pièces tous les jours. En plus, celles dont nous nous servions quotidiennement étaient principalement des « récompenses » que nous avions gagnées grâce à des points à collectionner, alors que tous les services d'assiettes ou à thé coûteux qui nous avaient été offerts étaient précautionneusement emballés dans des boîtes comme autant de précieux trésors.

Je me mis immédiatement à harceler ma mère. « Regarde ça, maman. Ne pourrait-on pas le sortir de là ? Je voudrais m'en servir ! », ou « Si nous n'allons pas nous en servir, on peut s'en débarrasser, non ? » Mais elle esquivait toujours mes questions et me disait : « Je l'ai mis de côté pour une grande occasion », ou « Je le réserve pour les invités », même si nous n'en avions pas reçu chez nous depuis plus d'un an.

Finalement, j'ai abandonné sans jamais résoudre le problème de notre placard entrepôt à vaisselle, mais cela ne m'en a pas moins intriguée durant des années. Quand j'ai commencé mon activité actuelle, cependant, j'ai été surprise de constater que ma famille ne faisait pas exception : le même phénomène se produisait dans de nombreux foyers.

Dans le cas de mes clients, ce n'est pas de demi-mesure que j'ai besoin pour les convaincre. La première étape du rangement consistant à se débarrasser des objets qui ne suscitent plus de joie, je leur demande de se débarrasser de toutes pièces de vaisselle récupérées par hasard et de sortir celles qu'ils ont rangées pour les grandes occasions. Bien que certains se montrent hésitants au début, craignant de les casser, ils ne tardent pas à découvrir combien il est agréable d'utiliser au quotidien la vaisselle qu'ils aiment. Si vous essayez, vous vous rendrez également compte qu'il ne vous arrive pas si souvent de briser quelque chose. De surcroît, la personne qui vous l'a offerte sera bien plus heureuse de voir que vous vous en servez au lieu de la laisser dans une boîte.

Si, néanmoins, vous vous sentez toujours réticent à l'idée d'utiliser ces pièces de vaisselle quotidiennement, commencez par sauter le pas en les déballant. Alors que celles utilisées à certains moments de l'année seront sans doute sorties de leur boîte au moins une fois par an, bien qu'elles soient rangées hors de portée, la plupart de celles emballées ne sont jamais utilisées du tout. Je peux aussi vous dire, d'après mon expérience, qu'il y a de fortes chances pour que certains services que vous avez rangés dans des boîtes ne vous procurent pas de joie. En plus, il est possible que les boîtes dans lesquelles ils sont emballés soient pleines de séparateurs en carton et de papier d'emballage qui prennent inutilement de la place. Il n'est pas rare que mes clients découvrent, après avoir déballé puis aligné ces pièces de vaisselle sur leurs étagères, que leur vaisselier est visiblement bien rangé, et qu'ils ont gagné beaucoup de place.

Vous pourrez utiliser comme éléments de rangement efficaces ces boîtes vides dans lesquelles ces pièces de vaisselle étaient empaquetées. Par exemple, les boîtes conçues pour les services de verres, particulièrement solides et esthétiques, seront parfaites pour ranger à la verticale de nombreux produits alimentaires comme les assaisonnements, les aliments secs et les nouilles.

Au lieu de vous borner en continuant à refuser d'utiliser ces cadeaux, décidez-vous une bonne fois pour toutes : soyez fier de vous servir de ces pièces de vaisselle, ou débarrassez-vous-en.

Portez un regard neuf sur chaque pièce que vous possédez, et voyez si elle éveille en vous une étincelle de joie. Si vous en avez beaucoup, cela vous semblera peut-être une tâche herculéenne, mais considérez-la comme une occasion géniale de mettre de l'ordre dans votre buffet ou votre vaisselier ! L'approche de base pour les entreposer consiste à diviser le meuble en une zone pour les pièces de vaisselle servant à boire (verres, carafes) et une autre pour celles qui servent à manger (assiettes, plats) puis d'empiler les pièces de forme similaire.

Lorsque vous aurez choisi celles qui s'adressent à votre cœur, il sera temps de les ranger. Vous pourrez appliquer l'une de ces deux méthodes : les empiler, ou rajouter des étagères. Dans un vaisselier classique, il devrait suffire de les empiler. Si le meuble est haut et qu'il vous reste de la place, vous pouvez ajouter une étagère ou utilisez des éléments de rangement qui permettront d'avoir plus de place. Une simple étagère autoportante, ou un élément en métal comprenant une ou deux tablettes constituera l'élément de base. Avant de vous précipiter pour aller en acheter, je vous recommande de commencer par empiler votre vaisselle, puis de décider si vous avez vraiment besoin de quoi que ce soit. Après avoir sélectionné les pièces de vaisselle qu'ils aiment, bon nombre de mes clients se rendent compte que cela ne les embête plus de sortir celles en bas de la pile, et qu'il n'y a donc pas besoin d'acheter d'éléments de rangement supplémentaires.

Pour résumer, assurez-vous d'utiliser chaque jour les pièces de vaisselle que vous aimez. Déballez-les et empilez-les dans votre vaisselier. Je vous assure que vous aurez ainsi fait un pas de plus vers une table égayée où prendre vos repas.

Les couverts

Bien qu'on me demande souvent où ranger la vaisselle, on se préoccupe rarement de savoir où ranger les couverts. Manifestement, personne ne sait que les couverts sont les rois des *komono* de cuisine. Je vous recommande vivement de leur réserver dès le départ la meilleure place. Avec les aliments et votre brosse à dents, ce sont les seuls objets à pénétrer dans votre bouche. Malgré la nature délicate de leur fonction, ils travaillent beaucoup plus qu'une brosse à dents et, ce faisant, ils font d'innombrables allers-retours entre l'assiette et votre bouche, ce qui doit leur donner le tournis. Vous décuplerez le facteur plaisir dans votre vie quotidienne en montrant le plus grand respect à tous les objets qui sont en contact direct avec votre corps.

Deux méthodes existent pour le rangement des couverts : mettez-les à la verticale dans un récipient tubulaire, ou posez-les à plat dans une boîte. S'il n'y a pas de tiroirs dans la cuisine et que votre priorité absolue, c'est de conserver de la place, la meilleure solution sera de ranger verticalement vos couverts. Voici la méthode la plus courante : mettez-les dans une tasse dont vous ne vous servez pas vraiment, et que vous pourrez ranger dans le placard à vaisselle.

La meilleure méthode de rangement consiste à mettre les couteaux, les fourchettes, les cuillères et les baguettes dans leur compartiment attitré dans un range-couverts ou une boîte de la bonne dimension. Si vous optez pour un range-couverts, ils seront plus heureux si vous en choisissez un en rotin, en bambou ou fait dans un autre matériau naturel qui les accueillera avec douceur, plutôt qu'en plastique, dans lequel ils s'entrechoqueront avec fracas. À propos, voici mon critère de sélection pour décider quels articles requièrent un traitement royal (autres que certains objets comme les porte-feuilles) : la proximité de l'objet avec votre corps. Chaque fois que possible, traitez à un rang au-dessus des autres les articles comme les fourchettes ou les sous-vêtements, qui sont en contact direct avec les parties délicates de votre personne.

Une fois qu'ils ont commencé à ranger leurs couverts en leur montrant un respect royal, bon nombre de mes clients émettent le souhait d'utiliser à table des repose-couverts ou des repose-baguettes. Ils ne tardent généralement pas à se mettre à la recherche de beaux sets de table et de jolis dessous-de-verre. Quand je pense à toute cette quintessence de joie qui s'invite ainsi à leur table, je ne peux que m'en réjouir à l'avance.

Les *komono* qui égayent votre table

Lors d'une séance avec l'une de mes clientes, un rond de serviette en bois s'échappa en roulant de la boîte où elle rangeait ses accessoires. Quand je lui appris ce que c'était, elle éclata de rire. « Je me suis toujours posé la question ! C'était trop gros pour être une bague et trop petit pour être un bracelet. » Quelle tragédie pour ce rond de serviette tombé dans l'oubli !

Les sets de table, napperons, dessous-de-verre et les repose-baguettes ne sont peut-être pas essentiels, mais ils enrichissent considérablement le moment du repas. Si vous en possédez, utilisez-les chaque jour.

L'emplacement de rangement traditionnel de cette catégorie de *komono* se situe près de votre vaisselle ou de vos couverts, mais tout endroit à proximité de la cuisine ou de la table de la salle à manger fera parfaitement l'affaire. Si vous avez des ronds de serviette ou des repose-baguettes joliment décorés, mettez-les en valeur. Pourquoi ne pas les aligner dans votre tiroir comme s'ils étaient présentés joliment sous vitrine dans une boutique ? Ainsi, chaque fois que vous l'ouvrirez, vous éprouverez un frisson de plaisir.

Les *komono* de cuisine en tissu sont divisés en deux catégories : les objets usuels du quotidien, comme les torchons, et les « accessoires », comme les sets de table. Pour les premiers, la méthode de base consiste à les plier et à les ranger à la verticale. Je vous suggère de plier, d'enrouler ou d'empiler les articles de la deuxième catégorie en fonction du matériau qui les constitue. Pour celles et ceux n'ayant que très peu d'espace de rangement dans leur cuisine, comme c'est le cas dans les studios, il sera efficace de les ranger à portée de main dans le placard où vous rangez d'autres *komono* en tissu.

Les ustensiles de cuisine

Les louches et les spatules sont très robustes. Elles ont pour mission de se jeter courageusement dans la mêlée pour faire revenir la viande ou servir la soupe, pendant que des étincelles jaillissent entre les aliments qui cuisent et la poêle. Tandis que les couverts et la vaisselle sont nichés ensemble, regroupés par service, les ustensiles de cuisine travaillent généralement en solo, un par foyer, sont empreints d'une certaine assurance et dotés d'un caractère bien trempé. Pour cette raison, après avoir vérifié s'ils vous procurent de la joie, vous n'aurez pas à en prendre grand soin en les rangeant.

Les deux approches de base consistent à les ranger à la verticale ou à plat. Les suspendre au mur à des crochets est une autre option, cependant, il sera préférable d'éviter de procéder ainsi avec les ciseaux de cuisine ou d'autres ustensiles à lame tranchante, car s'ils sont suspendus juste devant vous, vous éprouverez une certaine nervosité, même si vous n'avez pas conscience qu'ils pourraient vous blesser. J'ai également établi une règle qui préconise de suspendre les ustensiles de cuisine uniquement aux endroits où ils seront à l'abri des projections d'huile, ce qui pourrait expliquer pourquoi, jusqu'à maintenant, aucune de mes clientes n'en a suspendu ainsi.

Si vous les rangez à la verticale en vous inspirant de mon approche habituelle, mettez-les dans un pot à ustensiles, une cruche ou tout autre récipient suffisamment haut pour ne pas basculer, puis rangez le tout dans le placard. L'approche la plus courante, cependant, est de les ranger dans un tiroir.

À la différence des couverts, nul besoin de les séparer par catégorie, de ce fait, vous pourrez ranger la plupart des ustensiles directement dans un tiroir, ou dans le couvercle d'une boîte à l'intérieur d'un tiroir. Les ouvre-boîtes, les mesurettes et les autres petits ustensiles s'en sortiront toutefois mieux si vous les rangez avec un séparateur qui les isolera des plus grands. Si vous en avez de rechange toujours dans leur emballage d'origine, je vous suggère de les utiliser et de vous débarrasser de ceux qui ont fait leur temps.

La batterie de cuisine

Sortez votre batterie de cuisine et étalez-la au sol ou sur une table. Cela comprend tout, des marmites, casseroles et faitouts en métal ou en terre aux poêles à frire, saladiers et passoires. Suivez le principe de base en prenant ces récipients l'un après l'autre dans les mains pour évaluer la joie qu'ils vous procurent.

Quand vous les rangerez, empilez l'un dans l'autre ceux de forme similaire – par exemple, les marmites dans les marmites, les saladiers dans les saladiers –, pour tirer au maximum parti de la hauteur du placard. Si le vôtre est équipé d'un porte-casseroles intégré, faites-en bon usage.

Les appareils électroménagers

Rassemblez au même endroit tous vos appareils électroménagers, comme le gril à paninis, le moule à gaufre et les mixeurs. N'oubliez pas d'y ajouter tous ceux que vous gardez ailleurs que dans la cuisine ! En avez-vous que vous avez achetés quand ils étaient tendance et dont vous vous êtes lassé, ou que vous n'avez pas utilisés depuis des années ? En visitant les cuisines de mes clients, j'ai découvert l'incroyable diversité des équipements de cuisine et des appareils électroménagers qui existent dans ce monde, y compris les poêles à œufs pochés, les coupe-frites, les centrifugeuses, les pèle-pommes, les machines à glace pilée, les casse-noix, et même des toboggans à nouilles en bambou.

Moi-même, tous les matins, je me prépare au mixeur un smoothie vert, mais il est quand même préférable de ranger sur une étagère ou dans un placard ce genre d'appareil qu'on utilise au quotidien. Cela vous semblera peut-être un peu contraignant, mais ce ne sera plus vraiment un problème lorsque vous aurez attribué sa place à chaque chose. Alors, s'il vous plaît, essayez au moins une fois. Voici une autre approche que je mets généralement en pratique : rangez les appareils rarement utilisés au fond du placard ou sur l'étagère du haut, puisque cela ne vous demandera pas beaucoup d'effort de les en sortir.

Les récipients alimentaires

Parmi ces récipients qui se présentent sous une grande diversité de matériaux et de formes, on trouve les récipients en plastique, en verre et en métal disponibles dans le commerce, ainsi que les pots de confiture et les boîtes à thé vides que vous aurez récupérés. Bien qu'il soit important d'évaluer comme d'habitude le sentiment de joie qu'ils vous procurent, je vous recommande de vérifier parallèlement combien vous en avez. Comptez-les tous, y compris ceux qui sont utilisés au réfrigérateur, et réfléchissez à la quantité dont vous avez réellement besoin en faisant preuve de discernement. Si vous en avez plus que nécessaire, n'hésitez pas, débarrassez-vous des plus anciens. Il sera cependant judicieux de garder quelques récipients cubiques que vous pourrez utiliser plus tard en guise de séparateurs dans les tiroirs de votre cuisine.

En rangeant les récipients vides, vous améliorerez considérablement l'efficacité de votre espace de rangement en empilant ceux qui sont empilables et en rangeant les couvercles à la verticale dans un récipient à part. Si, par ailleurs, vous avez encore de la place et que vous vous inquiétez que de la poussière se dépose à l'intérieur de vos récipients, je vous suggère de les ranger fermés, sur l'étagère.

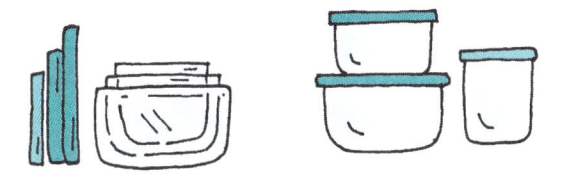

Les ustensiles de pâtisserie

Quand j'étais à l'école élémentaire, avant de donner libre cours à ma passion pour le rangement, j'adorais faire des gâteaux et je passais souvent mon temps libre en cuisine. Je ressens toujours un frisson de plaisir à la vue des moules et des emporte-pièces en forme de cœur ou d'animaux, et même si je ne fais plus de gâteaux, j'ai toujours envie de les acheter. Mais cela ne m'arrive que quand je les vois dans un magasin.

Quand j'en vois chez mes clients, la plupart du temps, c'est leur appel à l'aide désespéré qui m'émeut, et non leur joie. Si vous avez acheté des moules à gâteaux ou des emporte-pièces à biscuits sans jamais les utiliser ou presque et qu'ils sont à présent en train de rouiller dans un placard, débarrassez-vous-en.

Je ne sais pourquoi, mais la méthode de rangement la plus couramment employée pour ces ustensiles consiste apparemment à tout mettre dans un sac en plastique, à bien le fermer, puis à le balancer sur une étagère. Il va sans dire qu'il n'en est pas du tout question. Une fois dans le sac, ils semblent cesser d'exister, sans doute parce qu'il est si difficile de respirer dans du plastique. Ou peut-être est-ce dû au fait que nous ne portons jamais notre regard vers cette chose empaquetée sur l'étagère. Quelle qu'en soit la raison, la fréquence avec laquelle les gens font de la pâtisserie chute quand les ustensiles nécessaires sont rangés de cette manière.

À la différence de la cuisine traditionnelle, on ne fait des gâteaux que quand on en a envie. De ce fait, les ustensiles appropriés ne sont pas vraiment à classer dans les ustensiles de cuisine, mais plutôt dans l'équipement de loisir. Les ustensiles pour faire des gâteaux devraient susciter la joie, c'est pourquoi les emballer dans un sac en plastique est absolument hors de question. Si vous ne vous en servez pas souvent et que vous préférez les protéger de la poussière, rangez-les au moins dans un sac en tissu ou en plastique plus souple, plutôt que dans un sac à provisions portant le nom d'un supermarché.

Si vous n'avez pas à les ranger dans un sac, empilez tout simplement comme la vaisselle les moules à gâteaux et les autres ustensiles de grande dimension, et posez-les directement sur l'étagère. Vous pourrez aussi les ranger dans une boîte qui leur sera exclusivement réservée, que vous placerez sur l'étagère où vous pourrez les voir. Voilà votre chance de faire usage de cette si jolie boîte que vous aviez décidé de garder !

La vaisselle jetable

La catégorie d'objets qui sert généralement moins que les autres concerne les *komono* jetables de cuisine, comme les baguettes et couverts jetables, les pailles, les assiettes et les gobelets en plastique ou en carton, ainsi que les serviettes en papier. Étant donné qu'on les utilise habituellement tous en même temps, il sera parfait de les ranger verticalement dans la même boîte. Quand l'une de mes clientes m'a dit : « J'ai la flemme de faire la vaisselle, alors j'utilise toujours des assiettes et des gobelets en carton », je lui ai demandé assez sèchement : « Êtes-vous sûre que cela vous procure de la joie ? »

Si vous êtes tenté d'utiliser de la vaisselle en carton pour la même raison, je vous recommande vivement de ranger votre vaisselle jetable tout au fond de l'étagère la plus haute pour qu'il soit difficile d'y accéder. Ou autant les jeter tout de suite, tout simplement ! Quelle que soit la méthode choisie, je vous prie de garder en mémoire que le rangement a pour objectif de vous apporter de la joie chaque jour de votre vie.

Parce que ces objets sont souvent « gratuits », avant même de s'en rendre compte, on finit par en accumuler beaucoup trop. Que ce soient des baguettes ou des cuillères jetables que vous avez récupérées d'un petit pot de crème glacée, évaluez la quantité qui vous est vraiment nécessaire, et décidez de jeter tout ce qui sera de trop. Si vous n'en avez pas besoin, assurez-vous de le mentionner la prochaine fois qu'un vendeur vous en proposera.

Les sacs en plastique

L'une des choses que les gens accumulent le plus facilement sans même y penser, ce sont les sacs en plastique et en papier des supermarchés. J'ai expérimenté bon nombre de méthodes pour les ranger. Dans ma famille, on les fourrait habituellement dans un autre sac attaché par une épingle à linge à la poignée d'un placard. C'était tout sauf esthétique, et cela n'inspirait certainement pas la joie. Pire encore, vu notre petite cuisine, chaque fois qu'on passait par là, on s'y cognait, ce qui produisait un bruit particulièrement irritant. La plupart de mes clients appliquent cette même méthode, la seule variante consistant à les mettre dans un sac en Nylon réutilisable. Nombreux sont celles et ceux qui font un nœud avec leurs sacs. Cette approche est pire, car elle ne fait qu'en augmenter le volume. Cela demande par ailleurs bien plus de travail quand on en a besoin puisqu'on doit les dénouer.

Il existe des solutions de rangement conçues spécifiquement pour entreposer les sacs à provisions en plastique, généralement un sac en tissu en forme de manche avec une large ouverture en haut pour y insérer les sacs et, à l'opposé, une ouverture étroite pour les en sortir un par un, comme des mouchoirs en papier d'une boîte. Rien de tout cela n'est un problème, toutefois, à mon sens, ils me semblent prendre davantage de place que nécessaire, et il arrive souvent qu'en sortant un sac, cela en entraîne un autre, qui tombe au sol comme une chenille solitaire. De surcroît, n'est-il pas aberrant d'acheter quelque chose spécialement pour ranger des sacs en plastique eux-mêmes jetables ?

L'une de mes clientes appliquait la méthode consistant à les ranger dans un autre sac en plastique. Bien qu'elle insistât sur le fait que les cinq membres de sa famille en avaient besoin d'un certain nombre en guise de poubelle, il était on ne peut plus évident qu'elle en avait amplement suffisamment. Elle m'a appris qu'elle les récupérait depuis plus de trente ans. Lorsque j'examinai l'extérieur du sac qui les contenait, je remarquai que le fond avait jauni. Redoutant ce que j'allais peut-être découvrir, je mis la main à l'intérieur pour prendre le sac tout au fond et je l'en sortis. Dès l'instant où il fut extrait, un nuage de poudre jaune se mit à pleuvoir dans les airs comme des copeaux séchés de bonite. L'odeur était cependant loin d'être parfumée. Que cela ait été du plastique en dégradation ou de la poussière, je ne le saurai jamais, mais ces copeaux jaunes à l'odeur aigre tombèrent en s'éparpillant par terre. Nous avons dénombré 241 sacs au total. Même si elle en utilisait quatre par jour, il lui aurait fallu deux mois pour s'en débarrasser.

Le problème le plus couramment rencontré quand il s'agit de ranger les sacs en plastique, c'est d'en entreposer énormément et de perdre de la place. Nous en gardons beaucoup trop car nous ne savons pas précisément combien nous en avons, et ces sacs nous font perdre de la place, car ils ont tendance à prendre du volume. Si vous n'êtes pas certain de savoir quelle

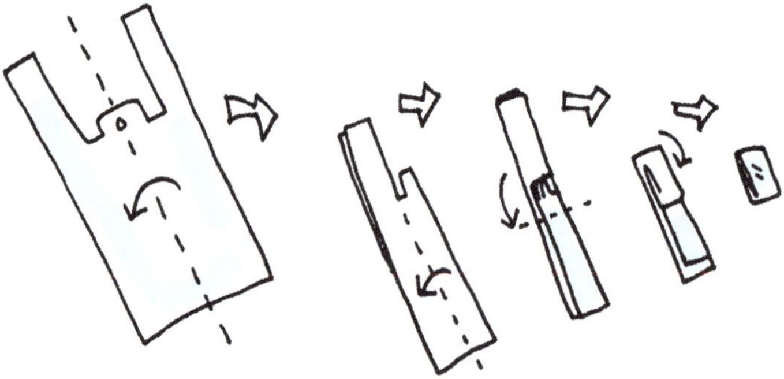

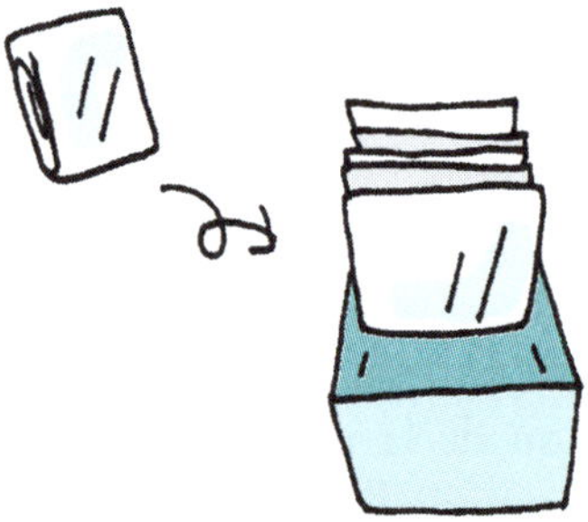

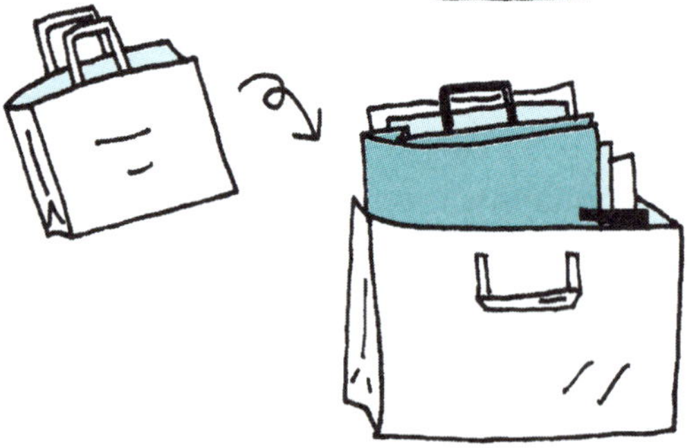

est la quantité de sacs qui correspond à trop peu ou à beaucoup trop, je vous suggère d'essayer d'évaluer combien vous en avez utilisés au cours des trois derniers mois. Les choses qui ont tendance à s'accumuler avant même que l'on s'en aperçoive sont précisément celles que l'on devrait compter.

Quand vous les rangerez, n'oubliez pas d'en réduire le volume, et rangez-les dans un récipient rigide. Ils doivent être aplanis, pliés et rangés à la verticale, comme les vêtements, pour éviter d'en garder excessivement en réserve. Si vous avez la flemme de les plier, rangez-les dans une boîte rigide qui les empêchera de prendre du volume. Vous devrez opter pour un petit récipient de la dimension d'une demi-boîte de mouchoirs jetables, par exemple. Cela suffira pour y ranger vingt sacs, alors qu'une boîte à chaussures, par exemple, pourra en contenir environ deux cents, un sérieux surplus. Quant aux sacs en papier, ils peuvent être rangés dans un autre sac en papier ou une boîte à archives, plus rigide, qui vous évitera d'en accumuler plus que nécessaire.

Les petits komono *de cuisine*

Le moment est venu de ranger tous ces petits *komono* de cuisine dont vous ne vous êtes pas encore occupé, comme les cuillères de service et les petites cuillères, les cure-dents et les brochettes, les ouvre-boîtes et les tire-bouchons. Débarrassez-vous de tous les ustensiles que vous avez en double, si ce n'est plus, ainsi que de ceux que vous utilisez rarement puisque vous avez sans doute un couteau multifonctions pour vous tirer d'affaire. N'hésitez pas, cependant, à garder ceux qui, quoi qu'il en soit, vous procurent de la joie, comme un décapsuleur au design génial.

Le secret pour ranger ces ustensiles, c'est de les trier avec précision, puis de les ranger dans un tiroir. Recherchez des boîtes ou des récipients vides de la dimension idéale pour servir d'éléments séparateurs.

Les consommables

Je vous suggère de ranger les produits consommables comme le film étirable, le papier aluminium, le papier cuisson et l'essuie-tout dans le placard ou le garde-manger, à la verticale sous l'évier ou sur de petites étagères pouvant être fixées au mur ou au dos de la porte de votre placard. Si vous avez de nombreuses boîtes d'articles comme des sacs de conservation à Zip, retirez-les de leur emballage et mettez-les tous dans le même récipient, ainsi, vous gagnerez de la place.

239

Il est préférable de ranger ces produits consommables hors de vue, ce qui intensifiera le facteur plaisir. Si vous en avez en trop et qu'il semble impossible de leur trouver une place en cuisine, créez une catégorie de *komono* intitulée « réserve » et rangez-les ailleurs, par exemple, dans un placard ou un débarras.

Si les revêtements pour étagères, les filtres pour hotte aspirante et les panneaux antiprojections protégeant vos murs des taches graisseuses ne vous procurent aucune joie, vous en débarrasser totalement pourrait être une solution. C'est également le bon moment de reconsidérer l'utilité de certains articles qui, malgré leur petit côté soi-disant bien pratique, ne le sont pas vraiment.

Les accessoires et produits d'entretien

Ces articles regroupent le liquide vaisselle, les éponges et les détergents, et sont généralement rangés ensemble, dans un panier placé dans le placard sous l'évier, ou fixé au dos de la porte du placard. En réalité, rien ne devrait être rangé près de l'évier, pas même votre produit vaisselle ou votre éponge.

Quand je le mentionne à mes clients, ils en sont souvent ébahis. « Vous voulez dire que vous rangez votre éponge mouillée dans le placard ? » me demande-t-on généralement. La réponse est « non ». Faites-la sécher au préalable. L'astuce, c'est d'en essorer l'eau au maximum. Si vous l'essorez comme il faut avec l'intention de l'assécher, vous serez surpris de la rapidité avec laquelle elle terminera de sécher. Rangez-la à la verticale à un endroit où elle ne risque pas d'être éclaboussée par de l'eau, ou suspendez-la et rangez-la dès qu'elle est sèche. Le but est d'éviter de laisser les éponges autour du bac de l'évier. Si vous vous servez si souvent des vôtres qu'elles n'ont pas la moindre chance de sécher complètement, ne prenez pas la peine de les ranger dans le placard, mais rangez-y le produit vaisselle après chaque utilisation. Il est important d'éviter de garder autour de l'évier ou sur le plan de travail tout ce qui pourrait laisser des marques d'eau.

Nul besoin d'essayer d'atteindre la simplicité dans la cuisine

Malgré ce que vous avez lu jusqu'ici, je vous prie de ne pas supposer que vous devriez réduire encore le nombre de vos possessions pour éprouver un sentiment de joie. **Cela vous semblera peut-être en totale contradiction, mais vous n'avez pas besoin d'essayer d'atteindre la simplicité dans votre cuisine.**

Quand je flâne dans un grand magasin au rayon des ustensiles, j'éprouve un frisson de plaisir indescriptible. Même si cuisiner n'est pas vraiment mon fort, je peux passer des heures à contempler ces rayonnages de marchandises. Il y a tant de diversité au niveau du design, même avec les marmites et les casseroles ordinaires, sans mentionner tous ces gadgets intéressants, comme les tranche-avocats et les gants pour peler la bardane rapidement et facilement.

Après avoir entendu l'une de mes clientes vanter les mérites d'un nouveau gadget pratique tout en m'en faisant une démonstration digne d'une émission de téléachat, cela ne surprendra personne que je sois allée m'en acheter un sur le trajet du retour à la maison. D'un autre côté, j'ai remarqué que les articles en tête des ventes disparaissent fréquemment de chez mes clients après un certain temps. Quand je m'y suis intéressée, on m'a souvent répondu que c'était compliqué à utiliser, que ça s'était cassé, ou qu'on s'en était lassé. Les gadgets en cuisine s'apparentent à des jouets pour enfants. Ils sont amusants à essayer quand ils retiennent votre attention, mais inévitablement, un jour arrive où ils ne vous procurent plus de joie. L'idéal serait de pouvoir continuer à tout utiliser avec soin et respect, mais si un objet n'a plus aucun rôle dans votre vie, il est temps de le remercier et de lui dire au revoir.

La cuisine est l'une des pièces de la maison où, même quand on s'est débarrassé de ces objets qui ne servent plus, il semble néanmoins y en avoir toujours beaucoup qui restent. Cela déconcerte souvent mes clients, qui me disent alors : « J'ai presque terminé de ranger la cuisine, mais j'ai l'impression qu'il reste énormément. » Ils imaginent probablement une cuisine comme celles qu'ils ont pu voir dans les grands magasins ou les magazines, dont tout l'équipement est parfaitement organisé dans des placards spacieux. Cependant, en comparant le volume qu'occupent les objets dans une cuisine à l'espace réellement disponible pour les ranger, parvenir à reproduire cet effet chez soi est loin d'être facile, cela relève même de l'exploit !

Ce que je veux souligner ici, c'est qu'en ce qui concerne la cuisine, il n'y a nul besoin de rechercher à l'extrême la simplicité. **Ce qui importe, c'est de voir où tout est rangé.** Si vous y parvenez, même si les espaces de rangement sont pleins, vous pourrez être fier de votre cuisine. Ce que j'espère que vous chercherez à obtenir, c'est une pièce où vous pourrez vous sentir heureux de cuisiner, tout simplement, une cuisine où vous pourrez exprimer ce que la joie représente pour vous.

La nourriture

Lorsque vous rangerez les denrées alimentaires dans la cuisine, je vous recommande de vous occuper tout à la fin de tout ce qui se trouve au réfrigérateur. La première chose à vérifier est la date de péremption. Les aliments secs en particulier ont parfois une durée de conservation étonnamment brève, à la grande surprise de bon nombre de mes clients. La règle de base consiste à jeter tout ce qui a dépassé sa date de péremption, cependant, si vous préférez appliquer vos propres règles, par exemple, « deux mois après sont acceptables pour les conserves », allez-y, suivez votre propre règlement. Dans le doute, demandez-vous si cela vous fera plaisir de cuisiner avec ces produits périmés.

Avez-vous des boissons nutritionnelles que vous avez achetées sur un coup de tête mais que vous n'avez jamais terminées, ou des aliments diététiques que vous avez commandés simplement par habitude ? Voici l'occasion de déterminer si votre corps en a réellement besoin, et s'ils ont vraiment un effet bénéfique sur votre santé.

Si vous avez acheté ou reçu un produit alimentaire en grande quantité au point de ne pas pouvoir tout consommer, demandez à vos amis s'ils en veulent un peu, ou faites don du surplus à une banque alimentaire.

Comment vider votre garde-manger

Si vous découvrez tout un stock de denrées alimentaires dont la date de péremption approche, utilisez-les toutes en même temps. Organisez une « campagne de liquidation des stocks à la limite de leur conservation ». Vous pourrez vous amuser à expérimenter de nouvelles recettes.

L'une de mes clientes qui venait de dénicher une énorme réserve de produits alimentaires périmés me surprit fortement en m'annonçant : « Parfait ! Mon petit ami vient me voir demain. Je vais les lui cuisiner ! » Il va sans dire qu'elle n'avait aucune intention de se montrer méchante. Elle m'assura sans le moindre complexe que les aliments périmés sont souvent propres à la consommation, et quand je lui ai demandé des nouvelles plus tard, elle m'a raconté que tout s'était bien passé. Je vous recommande toutefois de faire appel à votre bon sens, ainsi qu'à votre sens de l'odorat, et soyez prêt à en assumer les conséquences.

Les boissons

Les boissons peuvent être classées en deux catégories : celles que l'on peut boire telles quelles (les boissons en bouteille ou en cannette, les packs de jus de fruits, etc.), et les boissons à base de feuilles séchées ou en poudre (thés, boissons solubles, etc.). Commencez par vérifier la date de péremption. Les boissons de la première catégorie en particulier ont une courte durée de conservation car elles sont liquides. Jetez toutes celles qui sont périmées. Dans le cas de certaines boissons classées dans la deuxième catégorie ayant dépassé leur date limite de conservation, comme le thé vert et le thé anglais, les feuilles séchées peuvent être utilisées dans un encensoir ou comme copeaux pour fumer du bacon, etc. Trouvez si possible le moyen d'en faire usage au lieu de les jeter.

Comment ranger les produits alimentaires

Rangez vos denrées alimentaires par catégorie. Placez à la verticale tout ce qui pourra rester dans cette position. En ouvrant le tiroir ou en survolant du regard les étagères de votre garde-manger, vous devriez pouvoir repérer en un coup d'œil ce que vous cherchez. Les catégories principales sont les assaisonnements, les aliments secs, les féculents (riz, pâtes, etc.), les conserves, les aliments en sachet cuisson, les sucreries, le pain et les compléments alimentaires. Si leur présentation vous importe, en transférant les aliments secs, entre autres, dans des boîtes assorties, vous remarquerez qu'à leur vue, vous ressentirez considérablement plus de joie.

En les rangeant, je vous recommande de les regrouper. Par exemple, si vous n'utilisez pas très souvent les petits sachets d'assaisonnement, je vous suggère de les vider dans un petit pot, un pour chacun d'entre eux. De simples idées comme celle-là suffiront pour que vos aliments soient efficacement entreposés.

Les denrées périssables

Commencez par une inspection rapide du contenu de votre réfrigérateur et par jeter tout ce qui a dépassé sa date limite de conservation. Le frigo, à propos, est l'unique exception à la règle stipulant d'en sortir chaque produit pour le vérifier. Si vous avez des sachets de sauce ou d'assaisonnement individuels, ou encore d'autres produits alimentaires que vous n'utilisez jamais, jetez-les. Conservez dans une petite boîte ou un récipient alimentaire en plastique ceux que vous garderez pour maintenir votre réfrigérateur bien organisé.

Quand vous mettez des produits alimentaires au frais, je vous conseille de le laisser vide à 30 %. Vous pourrez utiliser l'espace restant pour ce que vous n'aurez pas fini au dîner, ou pour tout aliment que vous pourriez éventuellement recevoir ce jour-là. Rangez-y vos aliments par catégorie, afin de pouvoir repérer d'un coup d'œil ce que vous cherchez.

Astuces pour les espaces de rangement

Lancez-vous dans le rangement de votre cuisine avec en tête une idée globale de cette pièce. Parmi les éléments de rangement qu'on y trouve généralement, il y a des placards au-dessus et sous le plan de travail et l'évier, des tiroirs et des meubles de rangement autoportants. Ces derniers sont spécifiquement conçus pour ranger la vaisselle, avec des étagères et des tiroirs, alors que les zones sous l'évier et sous le plan de travail sont souvent de grands espaces vides. Comme je l'ai mentionné précédemment, il est préférable de ranger d'abord les grands espaces intégrés.

Tant que vous organisez vos espaces de rangement par catégorie, vous pouvez ranger les choses où vous voulez, mais pour celles et ceux qui souhaiteraient un peu plus de précisions, permettez-moi de vous faire part de mes idées. Quand je me rends chez quelqu'un pour une consultation, j'ai pour habitude de me glisser à quatre pattes dans les placards et les espaces de rangement une fois vides, ou tout du moins, si je ne peux pas vraiment y entrer, de passer la tête à l'intérieur pour en évaluer l'atmosphère. Le placard sous l'évier donne une sensation d'humidité, tandis que les placards près de la cuisinière donnent une sensation de grésillements secs, évocateurs d'huile et de flammes crépitantes. Pour cette raison, je pense qu'il est préférable d'éviter de ranger sous l'évier des produits sensibles à l'humidité. J'ai trouvé intéressant d'apprendre une nouvelle fois que mon intuition était en accord avec les principes du feng shui. Selon cette philosophie, l'élément Eau définit l'espace sous l'évier, tandis que l'élément Feu définit celui autour de la cuisinière.

Le secret d'un rangement efficace dans les placards, c'est de tirer parti de la hauteur disponible. Dans certaines constructions récentes, ces placards sont équipés d'étagères, mais si ce n'est pas le cas des vôtres, utilisez les éléments qui n'ont plus de fonction depuis que vous avez fait du rangement. Ou si vous adorez tout simplement les éléments de rangement, je vous en prie, allez en acheter. Si vous avez beaucoup de choses à ranger, ce sera moins déconcertant si vous les séparez en objets « à usage fréquent » et « à usage occasionnel », plutôt que d'essayer de les catégoriser par degrés d'utilisation. Le rangement classique pour les objets que vous utilisez peu consiste à les mettre sur les étagères du haut d'un placard situé au-dessus du plan de travail.

N'hésitez surtout pas à créer vous-même vos catégories comme « équipement pour faire du pain », ou « décorations pour gâteaux ». En décidant où ranger les choses, commencez par les objets volumineux. Si vous avez un buffet ou un vaisselier, mettez-y d'abord la vaisselle, puis les ustensiles de cuisine, les assaisonnements, et ainsi de suite.

L'un des moyens de faire de la place dans vos tiroirs sera d'envisager constamment des solutions qui permettront de réduire le volume. Prenez les élastiques, par exemple. Nombreux sont ceux qui les laissent dans leur boîte d'emballage et la mettent directement dans un tiroir, ce qui équivaut à une perte de place. La boîte se vide au fur et à mesure que les élastiques sont utilisés, tout en occupant le même volume de place dans le tiroir. En transférant les élastiques dans un petit pot ou un autre récipient, vous gagnerez de la place, et l'intérieur de votre tiroir n'en sera que plus ordonné. Au fur et à mesure que la place occupée par vos possessions diminue, vous pourrez commencer à mettre dans les placards et les tiroirs les objets laissés sur le plan de travail ou ailleurs. Au final, même la bouilloire, l'autocuiseur et les poubelles se retrouveront derrière les portes des placards, et votre cuisine sera complètement désencombrée ! Vous penserez peut-être que cela est impossible, mais c'est l'objectif que je vous encourage à vous fixer lorsque vous rangerez votre cuisine.

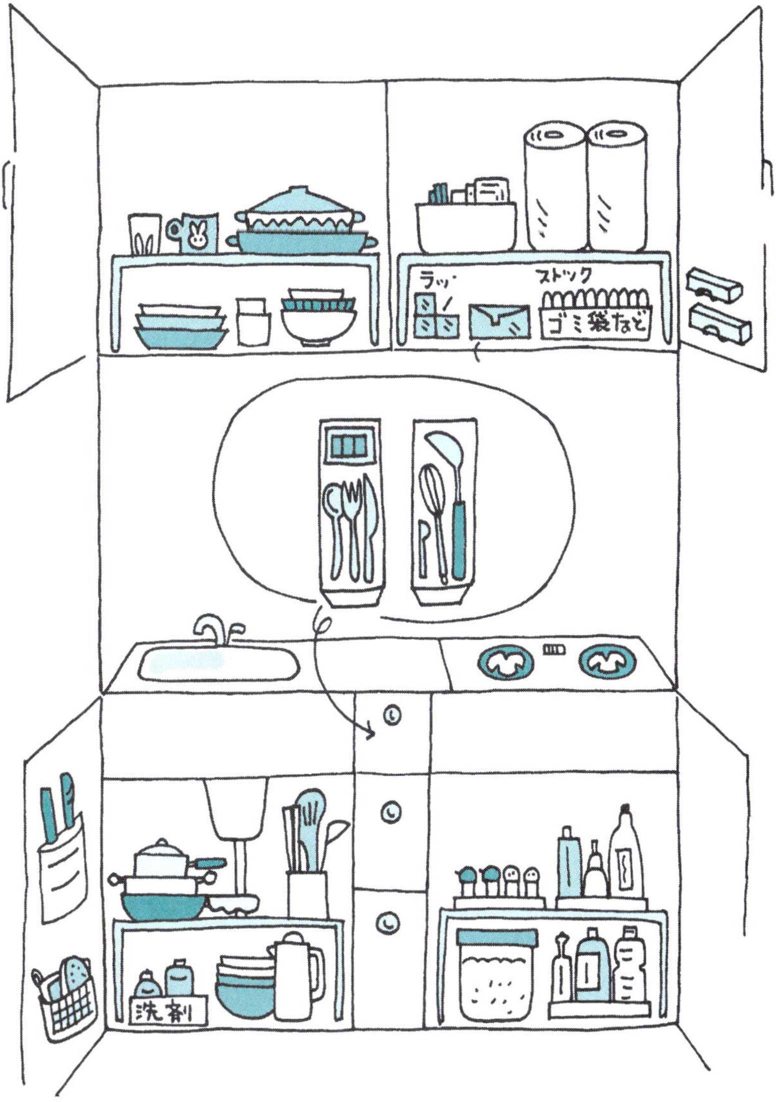
ラップ
ストック
ゴミ袋など
洗剤

Le rangement est un événement spécial. Si vous vous efforcez de faire de votre mieux, en expérimentant plusieurs idées et en appréciant d'un bout à l'autre le procédé, vous découvrirez que tout se passera en douceur. Considérez-le comme un jeu. Chaque idée que vous mettrez en pratique vous donnera des résultats immédiats, et rien ne vous empêche de réajuster quand cela vous plaira. Le rangement est vraiment l'attraction la plus divertissante de ce « carnaval ».

Comment décorer votre cuisine

Lorsque vous aurez tout rangé dans cette pièce, consacrez un peu de temps pour l'égayer. Vous pouvez en décorer les murs avec des reproductions d'œuvres d'art, en mettant aux vitres de votre vaisselier de jolis rideaux confectionnés dans des tissus que vous aimez, ou en collant au mur des carreaux de céramique avec des motifs sympathiques. Décorer sa cuisine peut décupler de façon spectaculaire le facteur joie, surtout si vous n'aviez jamais pensé à l'embellir. L'une de mes clientes, en accrochant dans la sienne un panneau de liège, a réalisé un coin où présenter les cartes postales envoyées par ses enfants, ainsi que des décorations saisonnières. Elle a découvert que cela intensifiait considérablement le plaisir qu'elle prenait à cuisiner.

Je vous recommande de remplacer progressivement vos ustensiles de cuisine par d'autres qui vous procurent de la joie. En ce qui me concerne, par exemple, j'ai remplacé par une spatule en bois celle en plastique que j'employais sans même y penser, ce qui m'a véritablement permis d'ouvrir les yeux sur le fait que parfois, cela fait toute la différence d'utiliser des ustensiles qui suscitent la joie. Si vous n'avez ne serait-ce qu'un ustensile que vous avez choisi avec soin, le temps que vous passerez à cuisiner sera beaucoup plus agréable.

Faites en sorte que le moment des repas suscite la joie

Lorsque vous aurez fini de ranger, la prochaine étape importante en vue d'obtenir votre cuisine idéale consistera à faire en sorte que le moment des repas se déroule sous le signe de la joie. Prévoyez-vous votre menu et la façon dont dresser votre table selon la saison ? Cela est très facile à faire : en utilisant des objets peu volumineux, comme des sets de table et des repose-baguettes. Je prête particulièrement attention à ces derniers. J'en ai dix-neuf lots, dont certains que j'ai faits moi-même, et non seulement je les assortis à la saison en cours, ainsi qu'aux ingrédients que j'utilise, mais je les utilise aussi pour embellir la table de réception quand elle manque de couleurs, en en disposant quelques-uns autour de la table en guise d'accents colorés. Vous pouvez également mettre des bougies sur votre table.

Tout récemment, le « daïkon art », ou l'art du radis blanc râpé puis modelé en forme d'animaux délirants, est devenu très en vogue au Japon. Il semblerait que, lors de leurs repas, de nombreuses personnes se découvrent un certain talent pour développer la facette ludique de leur esprit. N'hésitez pas à expérimenter pour repérer ce qui vous permettra d'instiller de la joie au moment de vos repas.

Les produits d'entretien

Vous pourrez faire don de tous les produits d'entretien pour la maison ou des détergents en surplus que vous n'utilisez pas à qui en aura besoin. Pour sélectionner ceux qui inspirent la joie, imaginez-vous en train de vous en servir. Rangez dans un débarras ou un placard tous ceux que vous choisirez de garder. Rangez pliés et posés à la verticale les chiffons de nettoyage, ou les vieilles serviettes que vous avez l'intention d'utiliser en guise de chiffons.

La propreté de votre intérieur n'est pas nécessairement proportionnelle au volume occupé par vos produits et ustensiles d'entretien. Ces produits n'ont de valeur que si on s'en sert. Si vous en avez dans votre placard qui n'ont même pas été ouverts, débouchez-les et utilisez-les complètement pour nettoyer de fond en comble la totalité de vos espaces de rangement.

Les produits pour la lessive

Ces produits d'entretien doivent être rangés près de la machine à laver. Personnellement, je me fais une joie de retirer les étiquettes criardes de ma bouteille de lessive liquide, puis je noue un ruban autour du col, ce qui intensifie encore le facteur plaisir.

Les *komono* de la salle de bains

Bien que ce soit difficile pour moi de l'admettre, je n'ai jamais réussi, ne serait-ce qu'une fois, à ranger l'espace sous le lavabo quand je vivais chez mes parents. Je n'ai jamais compris pourquoi, il y avait bien trop de bazar – des brosses à dents en réserve, des échantillons de produits de beauté, des gels douche. Cependant, cela ne me donnait aucun droit de jeter ce qui se trouvait là. Pire encore, la surface autour du lavabo était toujours humide. J'étais constamment après ma famille pour essayer de leur faire comprendre qu'ils devaient essuyer après avoir fini, mais cela fit seulement ronchonner tout le monde, au point que je perdis même tout courage d'insister. J'y répondis en le faisant moi-même, en silence.

À ce moment-là, j'avais fait du chemin. Ayant reçu l'interdiction de trier après avoir discrètement rangé les possessions de ma famille, j'avais appris à mes dépens que se mêler des affaires des autres n'en valait finalement pas la peine. La seule solution, avais-je décidé, était de rendre l'espace aussi agréable que possible, du moins quand j'en faisais usage. Me charger de nettoyer le lavabo sans me plaindre était ma façon de remercier mes parents de me permettre de vivre sous leur toit. Je le nettoyais chaque fois que je l'utilisais, mais je l'essuyais également chaque fois que je passais par là. Une fois par mois, j'essuyais avec soin les étagères en verre à côté du lavabo après les avoir débarrassées de tout ce qui s'y trouvait. Je m'étais engagée plutôt fidèlement à ce que cela reste propre, cependant, si je ne pouvais pas m'en occuper à cause du travail, ou si j'oubliais de le faire ne serait-ce qu'une fois, cet endroit redevenait sans tarder humide et poisseux, ce qui était très décourageant.

La salle de bains, qui ne reçoit que peu d'attention quand on range, peut en fait être l'une des pièces les plus difficiles à garder en ordre. Elle est sujette à l'humidité, on y trouve une quantité considérable de produits en réserve, et elle est généralement utilisée par plusieurs personnes.

Quand je réfléchis à l'espace de rangement de chaque pièce, je pense systématiquement à sa fonction. On utilise la salle de bains pour se laver le visage, se brosser les dents et prendre une douche ou un bain. Au Japon, c'est parfois là que se trouve la machine à laver et où on fait la lessive. Je la considère comme la pièce où ranger les produits liquides et pour la peau, dont voici les principales catégories :

Les accessoires et les produits nettoyants pour le visage et le corps (les consommables comme les produits de soin pour la peau ou les cheveux, les brosses à dents, les sèche-cheveux, les élastiques, les barrettes et les épingles, les Coton-tige, les rasoirs, ainsi que les réserves de ces articles, et les serviettes de toilette) ;

Les produits pour le bain ou la douche (shampooing, sels de bain, etc.) ;

Les produits et accessoires d'entretien (produits pour nettoyer la baignoire/le lavabo/la douche ; éponges, etc.).

Une campagne de rangement est l'occasion rêvée pour vérifier vos stocks en réserve, article par article, des mouchoirs jetables au shampooing, en passant par les cotons pour le démaquillage, entre autres. Je vous conseille de vous débarrasser dès à présent de tout produit que vous avez depuis tellement longtemps que la qualité en est suspecte, ou si vous ne l'utilisez tout simplement plus.

Alors qu'idéalement, il conviendrait de terminer de les utiliser en totalité, si vous en avez trop, n'hésitez pas à en faire la distribution. L'important en ce qui concerne le contrôle de vos réserves, c'est de connaître vos chiffres. Estimez le nombre de jours qu'il vous faudrait pour terminer d'utiliser un certain produit, puis calculez combien de jours dureront les produits que vous avez à disposition. Si vous constatez qu'il ne vous en reste pas seulement pour une année, mais pour cinq ou six, c'est le moment d'en faire don. Prenez des photos à montrer à vos amis, réinterprétez-les pour en faire le récit épique de votre marathon du rangement, et amusez-vous bien en continuant à ranger.

Si votre meuble lavabo a des tiroirs, vous n'aurez qu'à appliquer les deux principes de base : ranger par catégorie, et posez les objets à la verticale. Le placard sous le lavabo, cependant, requerra toute votre attention. Quand les gens me disent qu'ils rencontrent des difficultés pour trouver où ranger dans la salle de bains, c'est généralement parce qu'ils ne tirent pas efficacement parti de cet espace. En ouvrant la porte du placard, je découvre les détergents et les shampooings regroupés en vrac au sol, avec un espace on ne peut plus vacant au-dessus.

Exploitez la hauteur pour tirer parti au maximum de l'espace sous le lavabo où il n'y a pas d'étagère. Dans ce cas, des boîtes ne suffiront pas, et les éléments de rangement viendront à la rescousse. J'utilise souvent des lots de tiroirs en plastique assez petits devenus disponibles depuis que j'ai réorganisé les *komono*. Si l'ensemble des tiroirs est assez profond, vous pourrez l'insérer tel quel sous le lavabo. S'il y a toujours de la place au-dessus, posez-y une boîte sans couvercle pour y ranger les articles plus hauts, comme les bouteilles, ainsi que votre sèche-cheveux. Vous exploiterez ainsi la hauteur effective du placard.

Si l'ensemble des tiroirs est de la profondeur qui convient, mais d'une hauteur trop élevée pour le placard, je procède habituellement en les démontant, si possible, et voici comment vous pourrez procéder : retirez tous les tiroirs et retournez la structure pour en faire glisser les pièces qui la constituent. Vous pourrez les réassembler pour fabriquer un élément plus bas comprenant moins de tiroirs. Les roulettes sont également amovibles.

Une simple étagère autoportante fonctionnera aussi bien que des tiroirs en plastique. Si vous n'avez ni l'un ni l'autre, posez une boîte sans couvercle sur une boîte de rangement en plastique, qu'il sera alors plus contraignant d'ouvrir, par

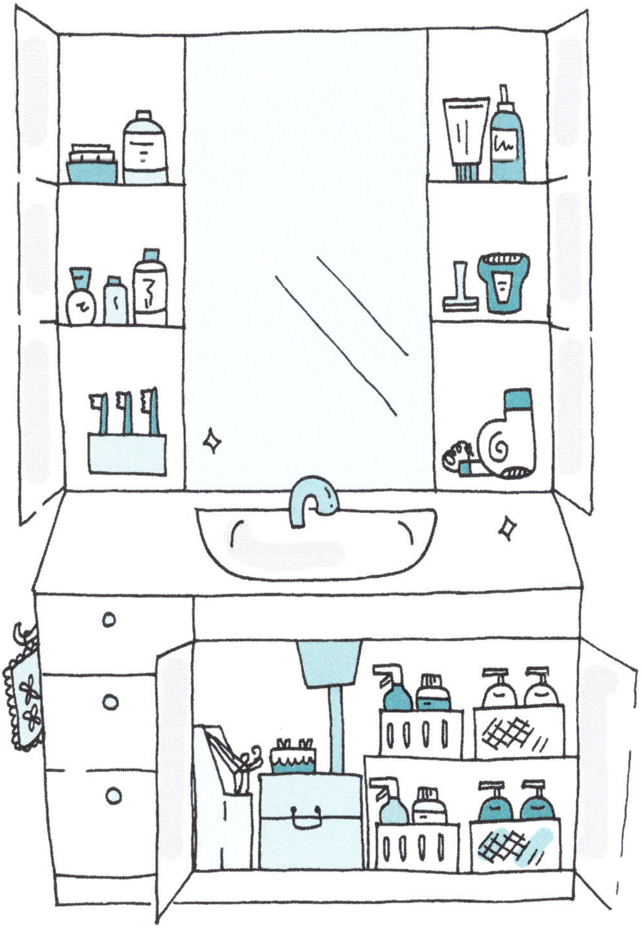

conséquent, il sera préférable d'y ranger uniquement les réserves de produits consommables, comme le savon et les brosses à dents. Ainsi, vous n'aurez à l'ouvrir que de temps en temps.

Si vous partagez la salle de bains avec d'autres personnes, commencez par ranger tous les articles en commun avant de passer aux produits personnels. Les articles à usage collectif fréquent incluent les porte-brosses à dents, le dentifrice, le sèche-cheveux, les serviettes de toilette et les détergents. Lorsque vous aurez fini de leur faire de la place, je vous conseille de diviser l'espace restant entre les personnes qui vivent là, pour que chacun ait un endroit attribué où ranger ses produits de soin et autres.

S'il n'y a pas suffisamment de place dans la salle de bains, demandez à chacun de ranger ses affaires dans sa chambre. Cette organisation dépendra des personnes avec lesquelles vous vivez, mais je vous conseille vivement d'établir des règles claires. En les élaborant, n'oubliez pas d'y inclure stratégiquement celle qui concerne la zone du lavabo et le fait qu'elle doive rester sèche. Mon lavabo est toujours étincelant depuis que j'ai résolu ce problème chez moi en m'inspirant de l'une de mes clientes, qui laissait simplement une serviette dans les toilettes à utiliser spécifiquement pour l'essuyer. Vous trouverez sans doute étonnant que je n'y aie pas pensé plus tôt, mais il n'est pas rare que je récupère ce genre d'astuces pratiques auprès de mes clients.

Comme vous l'aurez remarqué, je vous invite constamment à ranger les choses à la verticale, des vêtements aux fournitures de bureau en passant par les produits de beauté.

Il est donc plutôt fréquent que l'on me demande : « Dois-je aussi ranger mes serviettes de toilette comme ça ? Je ne pourrais pas plutôt les empiler ? » Ces personnes se souviennent sans doute de la jolie présentation des serviettes dans les hôtels, empilées l'une sur l'autre et de coloris coordonnés. Cependant, je vous recommande de ranger les objets posés à la verticale, et cela pour deux raisons : la première, c'est que cela facilite considérablement les choses, car on peut ainsi voir d'un coup d'œil ce qui se trouve là, on peut prendre rapidement ce dont on a besoin, et sortir ou ranger à nouveau un article sans déranger les autres ; la deuxième raison, c'est que les articles en bas de la pile se retrouvent écrasés et cela les fait souffrir.

Les serviettes de toilette, cependant, sont normalement utilisées dans l'ordre, c'est-à-dire de celle du dessus à celle du dessous. On ne se préoccupe généralement pas d'en choisir une précisément dans la pile. Du moment que vous veillez à ranger les serviettes récemment lavées en dessous et à toujours utiliser en premier celle du dessus, la pile restera bien ordonnée. Comme les serviettes sont utilisées fréquemment, celles de dessous ne devraient pas y rester bien longtemps. Oui, il est donc tout à fait acceptable d'empiler vos serviettes. Mais si vous préférez en choisir une qui vous plaît plus particulièrement, il sera également très pratique de les plier et de les enrouler comme vos vêtements, puis de les ranger debout à la verticale dans un panier posé sur une étagère.

Transformez votre salle de bains en un espace débordant de joie

Ce qui se reflète dans le miroir de la salle de bains est également très important. Les miroirs ont tendance à décupler l'énergie de ce qui s'y reflète, alors assurez-vous que l'arrière-plan qu'ils vous renvoient soit aussi beau que possible. Si le miroir vous révèle un espace de rangement en désordre, dissimulez avec du tissu l'élément de rangement fautif, ou rangez vos affaires dans des boîtes assorties, ce qui contribuera à une apparence mieux ordonnée.

Je vous recommande également d'accrocher une belle image au mur à l'opposé du miroir. Vous resterez ainsi comme envoûté par la joie. Assurez-vous simplement que le cadre de l'image résiste bien à l'humidité.

Faites tout particulièrement attention à la présentation en rangeant les produits d'hygiène et sanitaires

Nombreux sont mes clients qui ne rencontrent aucun problème en rangeant les articles nécessaires dans les toilettes, car ils sont en nombre limité : papier toilette, détergents, désodorisants et produits d'hygiène féminine. Du moment que vous n'en gardez pas trop en réserve, ils seront comparativement faciles à ranger, et la plupart de mes clients font peu d'erreurs à cet endroit. Cependant, cela expliquerait peut-être aussi pourquoi je vois rarement chez l'un d'eux un résultat parfait. À vrai dire, il s'agit d'un domaine que je négligeais relativement moi-même. La visite d'une amie, cependant, a tout changé.

« Il n'y avait plus de papier toilette, alors j'en ai sorti un rouleau », me dit-elle avec désinvolture après son passage aux cabinets. Je me figeai. À mon grand dépit, je me rendis compte que je n'avais pas du tout pris au sérieux le rangement du papier toilette.

Ne me dites pas qu'elle a ouvert ce placard ! songeai-je. Comment oserait-elle faire ça sans me le demander ? C'est alors que je pris conscience que, ne m'étant pas assurée qu'il y avait un rouleau de plus, prêt à être utilisé, tout était ma faute. Après tout, elle n'aurait pas vraiment pu quitter les lieux sans ça, n'est-ce pas ?

Quand elle fut rentrée chez elle, j'ouvris le placard. Les produits habituels y étaient on ne peut plus visibles. Tout semblait en ordre, mais les emballages clamaient bruyamment leur contenu, et c'était tout sauf un espace de rangement débordant de joie, alors même que je gagne ma vie en remettant de l'ordre – alors même que je dis sans arrêt à mes clients qu'ils devraient prêter une attention toute particulière pour égayer les espaces cachés !

En y réfléchissant attentivement, je me rendis compte que la salle de bains – ou la salle de bains d'appoint, si vous en avez plus d'une – est la pièce la plus fréquentée, bien plus que la cuisine. Cependant, les produits sanitaires sont les articles les moins excitants de la maison. Bien qu'ils soient rarement visibles des visiteurs, s'ils sont en désordre, c'est l'élimination assurée. Par conséquent, lors du rangement de ces produits, la présentation est on ne peut plus essentielle.

S'il y a un placard intégré dans votre salle de bains, le rangement en sera facilité. La règle principale consiste à ranger tout à l'intérieur de façon à ne pas être embarrassé si un invité l'ouvre. Procédez de même si vous avez une étagère au-dessus des W.-C. Il est préférable de ranger le papier toilette dans un panier ou une boîte. Si vous n'en trouvez pas qui vous conviennent, posez directement sur l'étagère les rouleaux dans leur emballage. S'il ne vous en reste qu'un ou deux, je vous conseille d'éliminer l'emballage plastique devenu ainsi disgracieux en laissant seulement les rouleaux sur l'étagère, ainsi, la présentation en sera améliorée. Si vous en avez trop en stock pour les y poser tous, rangez ceux qui restent avec votre réserve de produits consommables.

Quant aux bombes de désodorisant et aux détergents, enlevez tout autocollant criard du bouchon. Vous pouvez retirer toutes les étiquettes des produits que vous utilisez souvent, comme le détergent et les lingettes pour la cuvette des toilettes. Les emballages des produits sanitaires sont souvent vulgaires et franchement peu esthétiques. Les enlever contribuera considérablement à embellir l'ensemble. Ne retirez cependant pas tous les autocollants si vous avez des enfants à la maison, pas plus que ceux des produits que vous n'utilisez qu'occasionnellement, comme ceux pour déboucher les canalisations, car cela pourrait être nécessaire pour en identifier le contenu.

Enfin, dernier détail et non le moindre : en ce qui concerne les produits d'hygiène féminine, il va sans dire que les laisser dans les sacs en plastique de la pharmacie est hors de question. La meilleure solution sera de les ranger dans un panier en rotin ou une boîte qui vous inspire de la joie. Vous pourrez mettre tout ce qui sera en supplément dans un sac en tissu qui vous plaît. Si vous vivez en famille et qu'il n'y a pas assez de place dans les toilettes pour y ranger ces produits, attribuez-leur ailleurs un espace à part, comme dans votre armoire.

Votre rangement des produits d'hygiène et sanitaires est maintenant terminé. Ce n'était pas si difficile, n'est-ce pas ? Cela ne vous demandera pas plus de dix minutes une fois que vous aurez trouvé la boîte ou le sac approprié où les ranger.

Si vos toilettes sont dans une pièce différente de la salle de bains, cherchez aussi un moyen d'y intensifier l'impression de joie. Ce serait dommage de vous contenter de ranger vos produits au petit bonheur la chance alors que vous avez la possibilité de transformer complètement les lieux avec un minimum de décoration. Commencez par évaluer ce qui s'y trouve déjà. Il se pourrait qu'il s'agisse d'un calendrier que vous accrochez là tous les ans sans raison particulière. Ou une pile de livres ou de magazines que vous ne lisez jamais. Est-ce que l'une de ces choses suscite la joie, selon vous ?

Les toilettes servent à évacuer ; c'est un endroit consacré à 100 % à l'évacuation. De ce fait, j'ai le sentiment qu'un ajout de texte devrait être évité, à moins qu'il ne s'agisse de quelque chose qui vous inspire vraiment. Utilisez plutôt ce qui s'adresse aux sens, comme des huiles essentielles parfumées, des fleurs, une photo ou un bibelot. Choisissez un abattant et un tapis de W.-C. qui vous plaisent particulièrement. Ajoutez votre petite touche personnelle.

Vous est-il déjà arrivé de vous rendre dans les toilettes d'un restaurant ou d'un lieu public, et de vous être réjoui que le concept design soit parfaitement en accord avec les lieux ? Dans un café hawaïen, par exemple, la porte pourrait être décorée de fleurs d'hibiscus ou de frangipanier, les murs peints de fresques représentant des palmiers ou des danseuses de hula, et le lavabo orné d'un bibelot à l'effigie d'une tortue. Et, dans l'air pourraient flotter des effluves parfumés de noix de coco. Du simple fait d'entrer dans la pièce, vous vous sentiriez heureux.

Si vous et votre famille, vous avez des goûts bien définis et des bibelots à utiliser, ne serait-il pas très amusant de transformer ainsi votre salle de bains en un « parc à thème » débordant de joie ? Surtout si votre cabinet de toilette en est séparé, étant donné que personne ne s'y attarde vraiment, et qu'il n'y a aucun risque à l'infuser d'une dose plutôt corsée de joie. Évidemment, si vous préférez la tranquillité ou la simplicité en toute chose, évaluez la quantité d'ornements à votre convenance.

Si vos toilettes partagent la pièce avec votre baignoire ou votre douche, priorité absolue au nettoyage et au contrôle des moisissures et autre tartre. Il sera beaucoup plus facile de favoriser dans cette pièce un sentiment de joie si vous vous assurez de tout fermer et de n'utiliser que des décorations faites de matériaux appropriés, c'est-à-dire résistants à l'eau et à l'humidité. Il va sans dire que veiller à la propreté des toilettes est le secret d'un espace bien entretenu où la joie sera bienvenue. Faites en sorte que rien ne reste au sol, à l'exception de votre brosse à toilettes et d'une petite poubelle.

Éliminez l'essence de « non-joie »

Éliminer l'essence de « non-joie » est presque aussi important que d'intensifier encore la joie. Si j'utilise cette expression, c'est pour évoquer les objets qui n'inspirent aucune joie et qui ne sont en réalité que superflus. Exemple de ces choses « dont vous pourriez vraiment vous passer » : le film transparent autocollant qui couvre l'affichage à cristaux liquides de votre appareil audio, ou encore l'emballage en Cellophane plissé de la composition de fleurs séchées que l'on vous a offerte.

Il en va de même avec les mots « Méga pression ! » inscrits sur un autocuiseur, le logo de la compagnie de déménagement imprimé en travers des cartons dans le placard, ou les mots « Coton-tige » en caractères gras sur l'emballage de ces derniers. Plus vous aurez ce genre de textes informatifs dans votre environnement, plus votre intérieur sera envahi de « bruit ».

En chassant simplement ces éléments tapageurs de chez vous, vous serez en mesure de créer un espace raffiné, ce qui aura un impact considérablement positif. Si vous cherchez à atteindre le paroxysme de la joie, je vous le recommande vivement.

8

Ranger les objets de valeur sentimentale

Ranger les objets de valeur sentimentale revient à remettre de l'ordre dans votre passé

Vous voilà enfin arrivé à l'étape finale de votre campagne de rangement : les objets de valeur sentimentale. En les sélectionnant, il est particulièrement important de vous fier à votre propre perception de la joie. Vous vous demanderez peut-être pourquoi je le mentionne dès maintenant, mais permettez-moi de vous le rappeler : à présent, votre faculté à percevoir la joie est totalement différente par rapport au moment où vous avez commencé. Si vous avez fait beaucoup d'efforts pour ranger les choses dans le bon ordre, des vêtements aux livres en passant par les papiers et la volumineuse catégorie des *komono*, vous avez suffisamment affiné votre sensibilité envers ce qui vous inspire de la joie, au point que vous pouvez dorénavant vous détendre et poursuivre votre rangement par les objets de valeur sentimentale.

Je vous conseille de garder à l'esprit certains points importants. Premièrement, une chose à ne pas faire : envoyer vos objets de valeur sentimentale chez vos parents. À une époque, vis-à-vis de mes clients, je jugeais cela acceptable, du moment que leurs parents avaient de la place. Mais quand j'ai aidé ceux-ci à ranger leur maison par la suite, je n'ai pu que me rendre compte qu'il leur était impossible d'y procéder, parce qu'ils devaient garder une immense pile de boîtes appartenant à leurs enfants. De surcroît, une fois renvoyées à la maison, ces boîtes n'étaient quasiment jamais ouvertes.

Deuxièmement, si vous ne parvenez pas à vous résoudre à jeter un objet ou souvenir, gardez-le sans vous poser de questions. Cela pourrait être, par exemple, un tee-shirt créé par votre classe au lycée à l'occasion d'une fête organisée par l'établissement, mais si vous n'arrivez pas à vous en séparer, gardez-le. Ne vous reprochez pas de ne pas avoir pu jeter quelque chose d'aussi simple. Fiez-vous plutôt à votre intuition, que vous avez déjà développée en triant une quantité phénoménale d'objets. Du moment que vous avez évalué ce tee-shirt avec intégrité, le jour viendra où vous saurez qu'il a rempli sa mission.

Finalement, faites bon usage des objets que vous aurez choisi de garder pour la prochaine étape de votre vie. Si vous êtes prêt à vous donner beaucoup de peine pour sélectionner les objets de valeur sentimentale qui suscitent en vous un sentiment de joie, il est alors important de les garder de façon à pouvoir les apprécier chaque fois qu'il vous plaira. « Ma personnalité future aura-t-elle besoin de ça pour éprouver de la joie ? » Faites-en votre critère pour évaluer chaque objet et remettre de l'ordre dans votre passé.

Mettre de l'ordre dans les souvenirs d'école

Chaque étudiant reçoit des bulletins scolaires et des diplômes au cours de son parcours éducatif. Si vous voulez conserver en souvenir vos bulletins de notes, l'une des méthodes consiste à ne choisir que celui qui vous a fait la meilleure impression. Personnellement, j'ai remercié tous ces documents avant de les jeter.

Si vous n'arrivez pas à vous résoudre à vous débarrasser de votre uniforme scolaire, pourquoi ne pas le porter en vous perdant dans les souvenirs de votre jeunesse ? La plupart de mes clients qui ont procédé ainsi ont fini par se ressaisir et s'en séparer.

Mettre de l'ordre dans les souvenirs d'amours passées

Vous avez peut-être de nombreux souvenirs liés à un amour passé : des cadeaux, des vêtements assortis, des photos prises dans un Photomaton. Si vous espérez construire une relation avec quelqu'un, je vous propose l'approche de base suivante : débarrassez-vous de tout, exception faite de ces objets que vous utilisez tous les jours depuis si longtemps qu'ils ne font plus émerger de souvenirs amoureux.

Quels que soient les souvenirs qu'il vous reste, ne vous en prenez jamais à vos affaires pour évacuer vos sentiments négatifs. Remerciez-les toujours pour les merveilleux moments qu'elles font émerger dans votre esprit, et séparez-vous-en avec gratitude.

Si vous éprouvez le besoin de vous débarrasser d'un bagage karmique, quel qu'il soit, qui pourrait imprégner des photos de quelqu'un avec qui vous avez rompu, jetez une pincée de sel purificateur, et cachez les visages en mettant les photos dans une enveloppe ou un sac en papier de façon à ne pas les voir. Cette méthode de purification est non seulement efficace pour les photos et les animaux en peluche, mais aussi pour toute chose envers laquelle vous éprouvez une sorte de lien émotionnel, comme les objets ayant appartenu à un défunt.

L'une de mes clientes qui se débarrassait des souvenirs liés à un ex-petit ami s'était mise à jeter du sel dans le sac avec une telle vigueur qu'on avait l'impression qu'elle cherchait à en chasser des démons. En fermant le sac avec un lien, elle fit cette remarque : « Je ne m'étais jamais sentie comme ça depuis ce jour-là. Maintenant, je peux reprendre le cours de ma vie. » Et avec une expression apaisée que je ne lui connaissais pas jusque-là, elle joignit les mains et s'inclina vers le sac en disant : « Merci pour tout. » Ce qui se passa « ce jour-là », je n'en ai pas la moindre idée, mais le sel avait manifestement fait son travail.

Les enregistrements de valeur sentimentale

Ces enregistrements comprennent ceux d'anciennes émissions télévisées, ainsi que de différents événements de votre vie. Si les vidéos n'ont plus de jaquette, cela pourra vraiment vous poser un problème pour évaluer la joie qu'elles pourraient ou non vous procurer. Si vous devez en déterminer le contenu, ne regardez que le tout début puis prenez immédiatement votre décision. Si vous en avez beaucoup, prévoyez un moment pour le faire et procédez rapidement, en faisant tout dans la foulée. En ce qui me concerne, je suis tout à fait favorable à tout jeter sans en vérifier le contenu. Si vous pouvez transférer les données des vidéos que vous avez choisies de garder sur des DVD ou un disque dur, vous gagnerez ainsi considérablement d'espaces de rangement.

Les créations de vos enfants

Différentes méthodes vous permettront d'aborder cette catégorie. Par exemple, prenez des photos des œuvres de vos enfants avant de vous en séparer, ou limitez-vous en nombre. Si, cependant, vous ne parvenez pas à vous séparer de certaines choses pour le moment, vous n'êtes nullement dans l'obligation de le faire. Si toutefois vous les conservez, il est important d'en prendre soin. Je vous recommande d'attribuer un endroit en particulier pour exposer ces réalisations. Lorsque vous les aurez totalement appréciées, vous pourrez les remercier d'avoir aidé votre enfant à grandir, avant de vous en séparer sans culpabiliser.

Ces petits souvenirs de votre vie

Si vous décidez de garder ce genre de souvenirs, comme des talons de billets venant des voyages que vous avez faits, conservez-les toujours de façon à pouvoir les apprécier à tout moment, par exemple, en les collant dans un album de scrapbook.

En ce qui concerne les agendas, pourquoi ne pas choisir de conserver celui de l'année la plus heureuse ? Dans le cas des journaux intimes, à ce stade, vous pourrez les feuilleter et vous remémorer les événements qui se sont passés, en ne gardant que ceux qui vous procurent encore de la joie. Ou vous pouvez adopter le critère appliqué par l'une de mes clientes : jeter tous ceux qu'elle se sentirait embarrassée qu'on lise après sa mort.

Les lettres

Réexaminez chaque lettre que vous avez reçue. Dites au revoir et remercier celles qui n'ont plus aucune raison d'être. Au lieu de les jeter directement telles quelles dans le bac de recyclage, il sera plus respectueux de les recouvrir au préalable d'un sac en papier.

Continuez à chérir toutes les lettres qui, quand vous les relisez, vous soutiennent toujours ou touchent votre cœur. Étant donné que les lettres se détériorent avec le temps, rangez-les à un endroit où il y a peu d'humidité, dans une boîte perméable à l'air et, si vous le souhaitez, qui vous plaît vraiment.

L'étape finale de votre campagne : l'organisation de vos photos

Comme d'habitude, prenez chaque photo entre vos mains et ne gardez que celles qui vous procurent de la joie. Voici la règle fondamentale : sortez toutes les photos de leurs albums, mais vous n'avez pas à le faire pour ceux qui, dans l'ensemble, vous inspirent de la joie.

Même si vous avez deux cartons pleins de photos, n'hésitez pas. Avec votre niveau actuel de sensibilité, vous serez surpris de la rapidité avec laquelle vous sélectionnerez celles que vous voulez garder. Renoncez à toutes celles qui se ressemblent ou qui représentent des scènes dont vous ne vous rappelez pas vraiment. L'approche de base en ce qui concerne les négatifs, c'est de tous les jeter. L'une de mes clientes m'a affirmé qu'elle ne garderait que celles où elle apparaît et qui sont réussies, ce qui, dans un sens, est le critère qui convient.

Au cours du processus de sélection, pour vous faciliter la tâche, posez toutes les photos au sol et rangez-les par année. Vous pourrez ainsi prendre plaisir à organiser votre passé. Les mettre dans un album qui vous plaît vraiment constitue la dernière étape, indispensable, pour évaluer la joie que vous procurera l'ensemble. Les photos ne garderont vos souvenirs vivants que lorsqu'elles auront été organisées de façon à pouvoir les apprécier tant qu'il vous plaira.

Rangez vos photos de famille en famille

J'ai un aveu à vous faire. J'ai fini de ranger mes photos il n'y a que peu de temps. Évidemment, cela fait longtemps que j'ai fini de ranger celles que j'ai prises moi-même, et celles remontant à mon entrée à l'université, mais je n'ai pas pu mettre la main sur une seule photo de mon enfance où j'étais avec ma famille. Mais, un jour, mon père m'a dit qu'il avait découvert un immense dépôt secret de vieilles photos – cinq boîtes en carton pleines au fond d'un petit placard. Je me suis demandé ce que je devais faire. Devais-je lui suggérer de commencer à les trier, ou devais-je m'y atteler moi-même ? Finalement, j'ai proposé de le faire tous ensemble, en famille.

La semaine suivante, je me suis rendue chez mes parents, j'ai sorti les photos des boîtes, je les ai étalées au sol, afin d'aborder le dernier chapitre de notre festival du rangement. En triant ces photos en famille, en riant et en évoquant nos souvenirs tout en décidant lesquelles garder, ce fut probablement le rangement le plus joyeux que j'aie jamais effectué. De plus, cela m'a donné une idée. J'ai décidé d'offrir à mes parents un album de nos souvenirs digne de ce nom. Je n'avais rien réalisé pour eux depuis la maternelle, et, à vrai dire, je me suis en fait décidé à le faire en me disant que cela ferait partie de mes recherches sur le thème du rangement.

Pour vous dire la vérité, j'étais poussée par la curiosité. Bien que mes parents aient pris leur part de photos d'événements familiaux importants, comme les anniversaires et Noël, je n'arrivais pas à me rappeler s'ils s'étaient jamais arrêtés pour regarder avec nous ces photos et se remémorer le passé. Par contre, certains de mes clients m'ont montré fièrement de jolis albums remplis de souvenirs et m'ont paru vraiment apprécier de prendre le temps de les contempler. J'étais curieuse de savoir si le fait que mes parents ne le fassent pas correspondait à un trait de leur personnalité, ou simplement s'ils n'avaient jamais essayé, et aussi de savoir si le fait de leur constituer un album aurait un impact sur la façon dont ils envisageaient le rangement. Comme vous pouvez le constater, mes motivations étaient on ne peut plus suspectes, me révélant comme la maniaque du rangement que je suis.

Il se trouva que l'anniversaire de ma mère n'était plus que dans deux semaines. Je pris rendez-vous avec ma sœur cadette pour réaliser un album qui retracerait la vie de mes parents depuis leur mariage. La première étape était d'en trouver un qui suscite un sentiment de joie. Je choisis un album orné d'un élégant motif doré sur un fond rose, juste de la bonne dimension, ni trop grand ni trop petit, ainsi, ce serait facile pour mes parents de le regarder à loisir. On pouvait y mettre deux photos par page, ce qui faisait un total de cent photos.

Maintenant que nous avions évalué le nombre de photos nécessaire, le moment était venu de les sélectionner. Après avoir divisé l'énorme stock en deux, nous les avons regardées l'une après l'autre. Nos critères de sélection étaient simples : ma mère devait y être jolie ; quelques membres de la famille devaient y figurer en sa compagnie ; et, évidemment, en les regardant, elles devaient inspirer la joie. Au début, ma sœur s'est retrouvée submergée à la vue de tout ce volume, mais nous nous en sommes occupées sans nous arrêter, et en deux heures à peine, nous l'avions réduit à une centaine.

Mais nous étions loin d'avoir fini. Les photos, ces temps-ci, sont – comme vous l'aurez deviné – numériques ! Depuis l'avènement de l'appareil photo du même nom, bien que les gens ne cessent de prendre des photos, ils les regardent rarement plus d'une fois. Après avoir trié les cartes mémoire, dont il y avait une vingtaine, ma sœur et moi avons entrepris de ne sélectionner que les meilleurs clichés. **Quand vous organisez des données numériques, le même principe s'applique : choisissez ce que vous souhaitez garder, et non ce dont vous voulez vous débarrasser.** Vous n'en finirez jamais si vous abordez le tri en essayant de décider quelles photos effacer, alors qu'il y a tant d'autres possibilités.

Commencez par créer un nouveau dossier sur votre ordinateur (j'ai nommé le mien « Photos de la joie »), et transférez-y toutes les photos que vous aurez choisies. Si vous en avez de la même journée, ne choisissez que la meilleure.

Avec un peu de concentration, il nous a suffi d'une heure pour réduire notre collection à trente photos, que nous avons imprimées.

C'est maintenant que le travail commence vraiment. Posez toutes les photos au sol en fonction de l'année où elles ont été prises, en progressant de gauche à droite jusqu'à ce que vous soyez arrivé aux plus récentes. Je vous conseille d'aligner verticalement en dessous toutes celles de la même année. Si vous n'êtes pas sûr de l'année où la photo a été prise, essayez de la deviner.

« On dirait que les lunettes de papa datent des années 1980. »

« Nous sommes allés à Nagasaki quand j'étais à l'école élémentaire, pas vrai ? »

Quand vous aurez enfin terminé, votre sol donnera l'impression d'être un plateau de solitaire où se jouent plusieurs parties. Grâce à cette organisation, vous pourrez constater s'il y a davantage de photos pour certaines années que pour d'autres, ou des photos provenant de situations similaires. Vous pouvez les éliminer jusqu'à ce qu'il ne vous reste plus que le nombre que vous cherchiez à rassembler. Vous pouvez à présent les mettre toutes dans l'album, en ajoutant de-ci de-là quelques autocollants et étiquettes pour le décorer. Le produit final sera sans aucun doute du plus bel effet.

Une fois le travail terminé avec ma sœur, je me rendis compte que j'avais complètement oublié les visées professionnelles de cette activité. Mon attention tout entière était focalisée sur la réalisation de quelque chose qui ferait plaisir à ma mère. Et ce fut un grand succès. Ma mère et mon père, qui n'avaient jamais regardé leurs photos auparavant, impriment depuis leurs photos numériques et les regardent périodiquement. Lors de mon cours sur le rangement des objets de valeur sentimentale, je propose maintenant à mes clients de réaliser un album pour leurs parents. Ou, si leurs parents sont décédés, je leur suggère de composer un album commémoratif, ce qui leur permet de se remémorer leur vie.

Les commentaires que j'entends sont plutôt variés.

« Je n'ai pas fait ce genre de chose depuis l'école, mais qu'est-ce que c'est amusant ! »

« Je me suis toujours senti assez éloigné de mes parents, mais en regardant chaque photo, je pense qu'ils m'aimaient vraiment et qu'ils ont fait de leur mieux pour m'élever… je leur en suis très reconnaissant. »

Mais au final, tous mes clients, même les plus jeunes, s'accordent à dire qu'ils auraient dû classer leurs photos depuis longtemps. J'ai le même sentiment. **Il n'est jamais trop tard pour commencer.** Cependant, je vous recommande d'aborder vos objets de valeur sentimentale dès que possible une fois que vous aurez passé l'âge de vingt-cinq ans, ainsi, vous aurez l'occasion de remettre de l'ordre dans votre vie et de remplir vos journées de joie.

Troisième partie

LA MAGIE QUI TRANSFORMERA VOTRE VIE

9

Un espace de vie qui inspire la joie

Un vestibule d'entrée qui inspire la joie

Obsédée invétérée du rangement que je suis, je sais identifier l'état des placards chez quelqu'un dès que je franchis le seuil. Lors d'une visite chez une cliente, j'ai remarqué que l'entrée principale était encombrée de chaussures et d'un paquet de journaux prêts pour le recyclage. Des clés, des gants et des bordereaux de livraison étaient éparpillés sur le dessus du banc à chaussures, et le couloir était tellement envahi de cartons de livres et de vêtements qu'il faisait penser à une remise. « J'aurais dû vous faire entrer par la porte de derrière, me dit-elle. Il n'y a pas la place pour passer par ici. » Comme je pouvais m'y attendre, sa maison ressemblait à un véritable entrepôt. Il s'agit d'un exemple extrême, cependant, toute maison avec une entrée encombrée sera plus que probablement encombrée dans l'ensemble.

Même si l'entrée semble à première vue assez bien rangée, si l'air qui y circule vous donne une sensation de lourdeur, il est très probable que les placards seront pleins à craquer. En fait, il est important de considérer la circulation de l'air quand on range une entrée, et j'y pense systématiquement en planifiant les espaces de rangement dans toute la maison. Ma règle d'or, c'est d'observer comment l'air circule de l'entrée vers le reste de la maison, ainsi que de veiller à ce que rien ne lui fasse obstacle. Si l'entrée est pleine de chaussures et de toute sorte d'objets, l'atmosphère dans la maison sera suffocante.

C'est pourquoi je vous recommande de veiller à ce que votre entrée soit aussi désencombrée que possible. N'y laissez que les chaussures que vous aurez portées dans la journée pour les aérer. Cela signifie que l'on y verra autant de paires de chaussures qu'il y aura de membres dans la famille. Certaines choses nécessaires à certains moments de la vie, comme une poussette, pourront y être également entreposées.

Il est préférable de garder le moins de choses possibles dans l'entrée. Je vous suggère de choisir un seul objet que vous aimez vraiment pour égayer cet espace. Si vous souhaitez y présenter plusieurs petits objets, évitez qu'ils aient l'air en fouillis en les posant sur un plateau ou un tissu, ainsi, tous ensemble, ils composeront une seule décoration. Gardez tout autre objet que vous aimez pour décorer le reste de la maison.

Un salon qui inspire la joie

Le salon est un espace où la famille peut se réunir pour profiter de la compagnie des uns et des autres. Gardez toujours à l'esprit qu'il s'agit de la pièce centrale à la vie familiale.

Dans le salon idéal, on trouvera des meubles qui suscitent la joie. Je vous recommande d'affecter un endroit précis à la télécommande, aux magazines, et ainsi de suite. Pensez à ajouter des plantes, à mettre de la musique que vous aimez et à attribuer un coin spécial aux photos de famille.

Une cuisine qui inspire la joie

La propreté est essentielle. L'humidité et l'huile sont vos ennemies. C'est pourquoi la facilité de nettoyage sera votre priorité absolue. Ne laissez rien sur le plan de travail à côté de la cuisinière ou de l'évier. Gardez un minimum de faitouts et de casseroles, rangez tous les ustensiles au même endroit, et pour les produits alimentaires, tirez parti des solutions de rangement à la verticale.

Décorez également votre cuisine, car cette pièce devrait rendre la préparation de plats agréables.

Un bureau qui inspire la joie

Videz-vous l'esprit en vous débarrassant de tous les papiers inutiles, tout simplement. Veillez à ce que la table de travail soit relativement désencombrée. Disposez les livres et les fournitures de papeterie en fonction de vos critères personnels.

Vous pouvez y ajouter une petite plante ornementale. Évitez que votre bureau ne soit que pratique. Il est important d'y ajouter une touche ludique, précisément parce qu'il s'agit d'un lieu de travail.

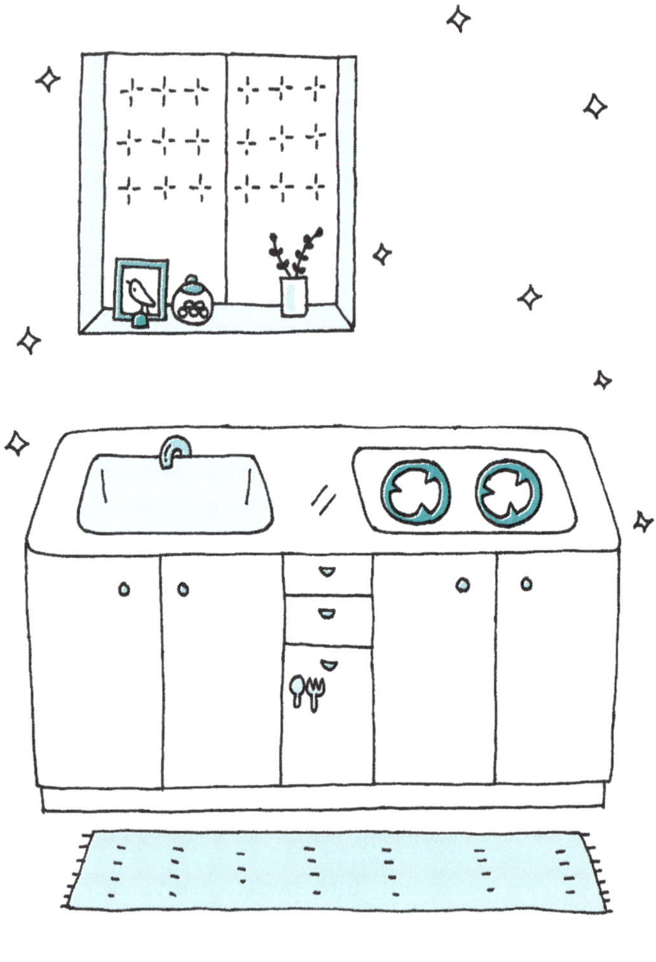

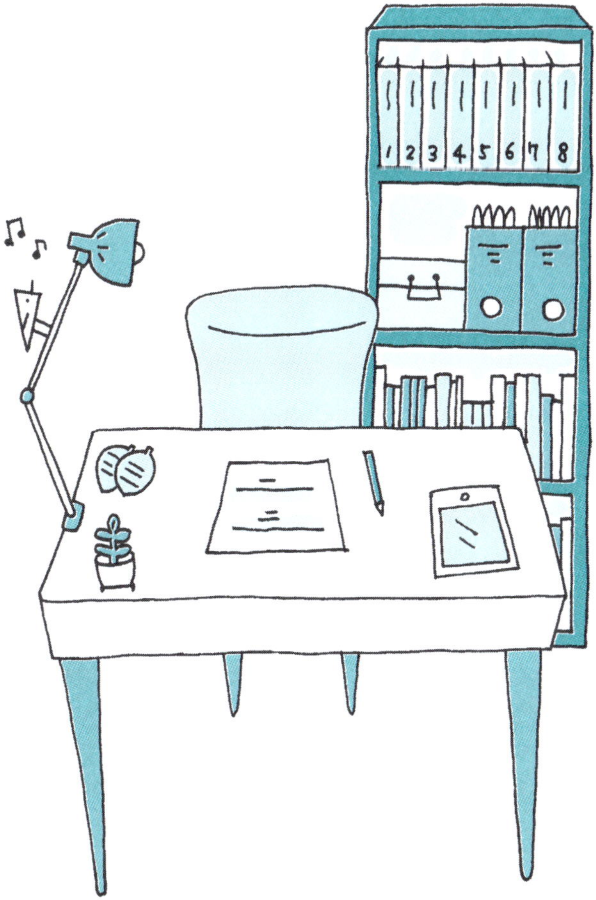
1 2 3 4 5 6 7 8

Une chambre qui inspire la joie

Faites de votre chambre une pièce où recharger vos batteries et où vous pourrez vous revigorer pour les jours à venir. Privilégiez un éclairage doux et indirect, mettez de la musique relaxante, et intégrez-y des objets et des senteurs qui vous inspirent de la joie. Lavez souvent les draps et les taies d'oreiller.

Une salle de bains qui inspire la joie

Pourquoi ne pas vous délecter de votre salle de bains ? Prélassez-vous dans la baignoire à la lueur des bougies, ajoutez des sels de bain, des fleurs, tout ce dont vous aurez envie. Veillez à bien frotter et essuyer la baignoire et les surfaces environnantes. Ne sortez que ce dont vous avez besoin et rangez tout dès que vous avez fini.

Les toilettes correspondent à la « zone détox » de votre maison. Comme il est important de s'assurer que l'énergie circule dans cette pièce, veillez à ce qu'elle soit désencombrée. Tout objet décoratif devra inspirer la joie et être disposé en gardant à l'esprit la circulation. La propreté est essentielle. Dans la salle de bains idéale flottera un parfum frais, naturel. Rangez les produits comme le papier toilette hors de vue, dans un panier ou dissimulés sous un tissu.

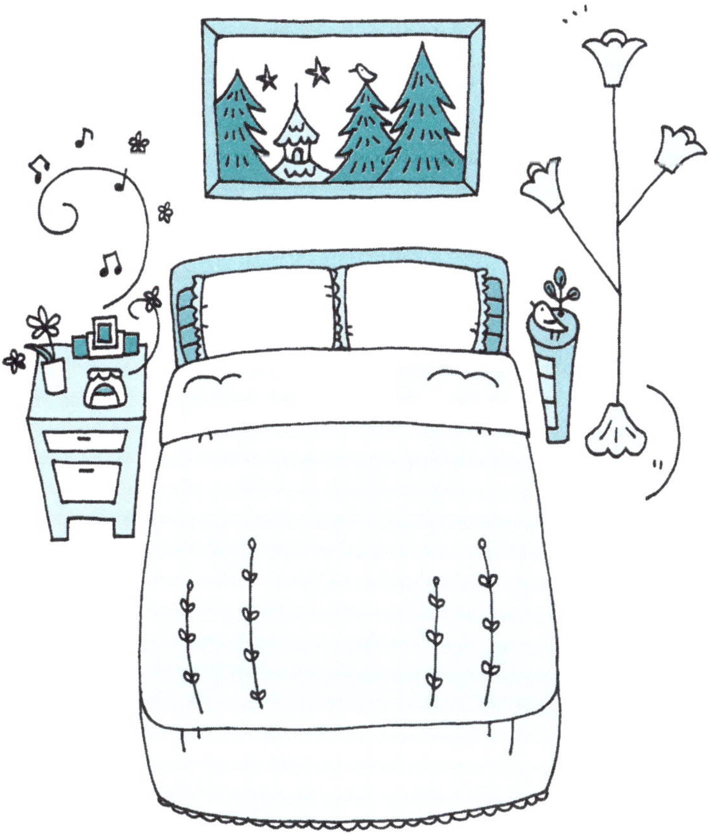

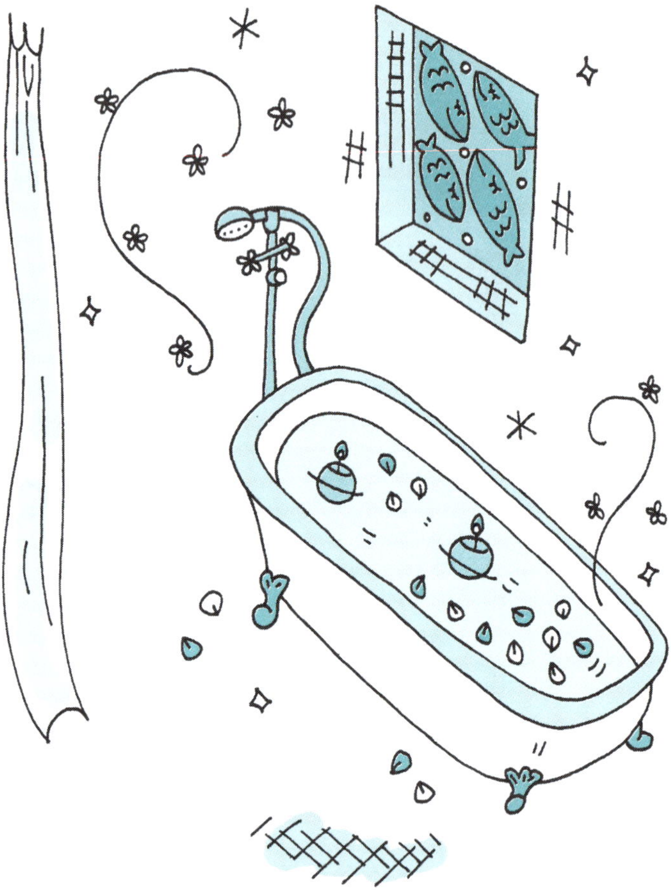

10

Les changements consécutifs au rangement

À une époque de ma vie, je ne faisais rien d'autre que travailler. J'étais bien sûr reconnaissante que l'on me téléphone souvent pour prendre des cours, mais même en voyant deux clients par jour, je n'arrivais pas à suivre. Je donnais parfois trois cours par jour, le premier de sept heures à midi, le second de treize heures à dix-sept heures, et le dernier de dix-huit heures à vingt-trois heures. Et comme si cela ne suffisait pas, quand je rentrais chez moi, je me consacrais à l'écriture de mon livre. J'adore le travail que je fais, mais il m'arrivait parfois de prendre subitement conscience de n'avoir rien mangé depuis deux jours. J'aurais aussi bien pu vivre au beau milieu du Sahara plutôt que dans l'agglomération de Tokyo. Si je continuais comme ça, je craignais de me retrouver à l'hôpital pour une « overdose de rangement ».

Un soir, juste au moment où je me disais que j'avais atteint ma limite, mon téléphone portable se mit à vibrer. C'était un e-mail d'une diplômée de mes cours, Mayumi.

« KonMari, m'écrivait-elle, accepteriez-vous de me prendre comme apprentie ? »

Quelle ne fut pas ma surprise ! Tout juste la veille, j'avais fait une liste des diplômés, ayant dans l'idée de leur demander de l'aide. Le nom de Mayumi y figurait en premier. Elle avait suivi mes cours un peu plus de six mois plus tôt. Je suis un peu embarrassée d'avouer que, lors de notre première rencontre, je m'étais dit qu'elle était un peu difficile à cerner. « Ranger est sur ma liste de tâches à faire tous les mois, mais je n'arrive jamais à faire le ménage chez moi... j'ai l'impression de passer tout mon temps à ranger », m'avait-elle dit ; mais elle était si timide que sa voix se perdait en un murmure à la fin de chaque phrase. Elle était allée dans une école d'art parce qu'elle aimait dessiner quand elle était enfant, mais elle avait abandonné le design lorsqu'elle était en pleine recherche d'un travail, et elle avait trouvé un emploi dans une épicerie « parce qu'elle aimait la diversité des produits proposés ». Après quelque temps, elle fut promue au poste de responsable du magasin, mais elle décida de démissionner en comprenant que ce n'était pas vraiment une carrière à laquelle elle aspirait. Quand je l'ai rencontrée, elle était vendeuse à mi-temps, un emploi dont lui avait fait part une connaissance.

« Je crois que je n'ai pas la moindre compétence. Je n'ai jamais réussi à terminer les projets que j'avais entrepris. Je me demande si je serais vraiment capable de ranger... je ne me vois pas en train de faire ce travail indéfiniment, mais je n'ai pas la moindre idée de ce que je veux faire vraiment... je me sens si peu sûre de tout. »

Voilà qui était Mayumi. Cependant, dès notre deuxième cours, un changement chez elle s'était produit. « Bonjour ! » me dit-elle, apparemment très enjouée et confiante, en ouvrant la porte, vêtue d'un blazer noir sur une robe cramoisie rehaussée de rubans. Le contraste n'aurait pas pu être plus saisissant par rapport au sweat à capuche et au jean gris qu'elle portait lors de notre premier cours. Je porte toujours un beau blazer quand je travaille, pour montrer mon respect envers le foyer de chaque personne, mais elle était la première parmi mes clientes à se mettre sur son trente et un pour un cours. « J'ai décidé qu'à partir d'aujourd'hui, je me confronterais vraiment à mes possessions », m'expliqua-t-elle. Je me rappelle encore de ma stupéfaction en l'entendant me l'annoncer d'un ton aussi posé, résolu.

C'est ainsi que cette jeune femme devint mon apprentie, et sa passion pour le rangement s'est avérée plutôt étonnante à observer. Chaque fois qu'elle est disponible, elle m'accompagne en tant qu'assistante à mes cours. Elle sort les sacs-poubelle, aide à rassembler les vêtements et passe à la déchiqueteuse les documents confidentiels. Si nécessaire, elle n'hésite pas à prendre un marteau pour démonter une étagère, ou encore à assembler et à fixer au mur une pendule à coucou qui n'avait jamais été déballée. Pendant que je m'entretiens avec mes clients, elle reste discrètement assise au sol, et écoute attentivement mes paroles. Quand la journée se termine, nous allons boire un thé dans un café en passant en revue les astuces professionnelles du rangement.

Elle porte toujours sur elle son petit carnet dans lequel elle note en détail ce que je dis, ce qu'elle a appris, et tous les secrets du rangement. Cela fait deux ans qu'elle est mon apprentie et, selon moi, on dirait une tout autre personne. Non seulement elle a sensiblement perfectionné ses compétences en matière de rangement, mais ses propos et son comportement sont à présent empreints d'une grande assurance. Il y a peu de temps, je lui ai posé la question suivante : « Mayumi, êtes-vous heureuse dans la vie ? »

« Oui ! » fut sa réponse, un oui franc et massif.

Pour son entourage, la transformation ne sera peut-être pas aussi évidente, mais même les changements les plus minimes peuvent bouleverser la vie d'une personne. Sans le moindre doute, le rangement transformera également votre vie. Par cela, je ne veux pas dire que vous connaîtrez soudain le succès socialement, ni que vous deviendrez immensément riche, bien que ce soit arrivé de nombreuses fois. Le changement le plus important qui se produira lorsque vous procéderez au rangement, c'est que vous apprendrez à vous aimer.

Quand vous rangez, vous gagnez en assurance.

Vous commencez à avoir confiance en l'avenir.

Les choses commencent à se mettre en place tout en douceur.

Vous rencontrez des personnes différentes.

Des événements inattendus se produisent de façon positive.

Les changements s'accélèrent.

Et vous commencez à vraiment apprécier votre vie.

Tout le monde peut en faire l'expérience, pas seulement Mayumi. Quand on goûte à la satisfaction ressentie après avoir fait du rangement, tout le monde, indépendamment de sa personnalité, veut en parler autour de soi, et relate avec passion la transformation dont on a fait l'expérience. **Le rangement est contagieux.**

En voyant Mayumi, elle qui avant détestait ranger, et qui en parle maintenant avec enthousiasme, cela me rappelle toujours la magie du rangement.

Rangez et remettez de l'ordre dans votre vie amoureuse

Quand je demande à mes clients japonais : « Quel genre de chambre désirez-vous ? », pour je ne sais quelle raison, nombreux sont ceux qui répondent : « Une chambre qui me permettra d'attirer l'amour et de me marier. » Je ne suis pas experte sur la manière de ranger afin d'accroître vos chances en amour ou de mariage. Cependant, j'entends souvent dire à mes clients que leur vie amoureuse se passe plus en douceur depuis qu'ils ont procédé au rangement. Les raisons expliquant ce phénomène sont variées. Pour certains, surmonter un complexe d'infériorité au sujet du rangement leur donnera de l'assurance, et la personne deviendra plus proactive au sujet de l'amour. Pour d'autres, le fait de ranger intensifie leur relation, ce qui les encourage à poser LA question. J'ai également reçu des témoignages de mes clients expliquant qu'après avoir fait du rangement, ils avaient décidé de mettre un terme à une relation. **Indépendamment de la direction que prendra le cours des événements, il est manifeste que**

ranger peut aussi aider à remettre de l'ordre dans votre vie amoureuse.

Quand je me suis entretenue avant notre premier cours avec une cliente que j'appellerai « N », notre conversation s'est reportée du sujet du rangement à ses préoccupations concernant sa vie sentimentale. « Je me demande si l'homme que je fréquente en ce moment est celui qui me convient », m'a-t-elle confié. Ils se voyaient depuis trois ans et travaillaient dans la même entreprise. Certains vêtements et d'autres objets appartenant à son petit ami étaient chez elle, mais comme ce n'était pas mon travail de la conseiller sur sa vie amoureuse, je me limitai donc à des recommandations sur le rangement. Cependant, d'après mes observations auprès de mes clients, j'ai appris que lorsque les gens se posent des questions sur leur relation, ils ont tendance à conserver beaucoup de documents en vrac. N ne faisait pas exception. Elle avait des chéquiers jamais utilisés, des formulaires qu'elle aurait dû remplir pour informer divers organismes qu'elle avait déménagé, des recettes récupérées dans des magazines qu'elle avait eu l'intention de classer un jour ou l'autre, etc.

« J'imagine que je devrais m'occuper d'autres choses avant de m'inquiéter de ma vie sentimentale », me dit-elle en riant. Je la quittai en lui donnant comme devoirs avant notre prochain cours de trier tous ces papiers. Lors de ma visite suivante, elle était si différente, comme si elle avait le cœur léger. Elle avait fait ses devoirs brillamment et avait pris un jour de congé pour remplir et envoyer tous les formulaires. De surcroît, en faisant du rangement, elle s'était rendu compte qu'elle ne pouvait plus être dans le déni quant à l'ambiguïté de ce qu'elle ressentait pour son petit ami, et elle avait décidé de prendre un peu de distance, avec l'accord de ce dernier.

« Je souhaitais me laisser un peu de place pour remettre de l'ordre dans mes sentiments », m'expliqua-t-elle.

Deux cours suffirent pour que nous terminions. Je n'ai revu N qu'environ cinq mois plus tard. Cette fois-ci, je fus surprise d'apprendre qu'elle et son ami allaient se marier. « Après nous être séparés quelque temps, il m'a demandée en mariage. Si je n'avais pas été sûre de ce que je ressentais, j'aurais sans doute hésité. Mais pendant notre séparation, mes sentiments s'étaient clairement précisés. J'étais maintenant tout à fait certaine de savoir ce qui me rendait heureuse, j'ai donc pu lui dire "oui" du fond du cœur. » Je fus émue par le bonheur qui brillait dans ses yeux tandis qu'elle me l'annonçait.

Ayant pratiqué comme consultante depuis des années, j'ai appris que les personnes qui n'ont pas encore rencontré celle ou celui qui leur correspond vraiment ont tendance à accumuler une quantité considérable de vieux vêtements et de papiers, tandis que celles qui ont un partenaire mais qui ne sont pas sûres de leur relation ont tendance à ne pas prendre soin de leurs affaires. Notre relation à autrui se reflète dans notre relation à nos possessions, et de même, notre relation aux objets se reflète dans notre relation à autrui.

Ranger permet de faire le point sur nos relations aux autres

Quasiment la moitié de mes clients sont parents. Pendant mes cours, j'ai pu constater combien il est difficile d'élever des enfants tout en travaillant, surtout quand ils sont en bas âge.

L'une de mes clientes, F, vivait avec son mari et leurs deux enfants de deux et quatre ans. Elle et son époux étaient instituteurs dans une école élémentaire. « Je suis toujours fatiguée, me confia-t-elle. Quand je rentre du travail, je suis trop épuisée pour ramasser les déchets qui traînent par terre. Je me sens ensuite coupable de ne pas pouvoir faire quelque chose d'aussi simple que ça… Mon mari rentre tard du travail, mais je déteste me plaindre, parce que je sais que son travail est également très prenant… Avant, j'adorais ce que je faisais, mais parfois, je perds toute certitude et je me demande si je pourrais continuer comme ça… Me concentrer sur comment "se débrouiller" et "s'en sortir", voilà ce qui accapare actuellement ma vie, c'est pourquoi j'aimerais me ménager un peu de temps pour me détendre, en buvant du thé dans l'une de mes tasses préférées, tout simplement. »

Quand F eut terminé de ranger, elle savait à ce moment-là qu'elle aimait sincèrement son métier. Elle admit que les manuels scolaires qui, à l'entendre, étaient ennuyeux et dont on devrait se débarrasser, lui procuraient en fait de la joie. « Mon placard était tellement rempli d'objets secondaires que je n'arrivais pas à prendre soin de ce qui était vraiment important. Et je ne pouvais pas non plus prendre soin de moi, vraiment. Je suis toujours beaucoup trop occupée, et le linge à laver s'accumule avant même que je m'en aperçoive. Et il y a encore des moments où je suis si fatiguée que je n'ai rien envie de faire. Mais je n'éprouve plus d'anxiété. Je peux me pardonner d'être fatiguée et m'accorder une pause. »

Sa relation à son mari a également changé. Jusqu'à maintenant, ils avaient tous deux travaillé dur pour assumer individuellement leur fonction, mais, à présent, ils travaillent consciemment ensemble pour construire leur vie de famille. F et son mari se font part de leurs idées pour l'avenir et ils suivent des cours ensemble. « Nous avons réfléchi chacun de notre côté au genre de vie que nous aimerions avoir dans vingt ans. Quand nous nous sommes dit ce que nous avions envisagé, nous avons découvert que nous voulions tous les deux vivre dans la maison où nous vivons actuellement. Pour la première fois depuis notre mariage, je suis parvenue à lui dire que j'étais heureuse de l'avoir épousé, même si j'étais un peu intimidée de le lui avouer. »

Les changements qui découlèrent du rangement au niveau du travail de F et de ses relations ne sont peut-être pas stupéfiants, cependant, comme elle le dit elle-même : « Il m'arrive beaucoup plus souvent de m'arrêter subitement en plein milieu de la préparation d'un plat ou du rangement du linge et de comprendre que je suis heureuse. » Il s'agit d'une observation très répandue chez les personnes qui viennent de terminer de ranger. Mes clients m'ont appris que ce qui apporte vraiment de la joie dans l'existence, c'est de savourer la vie quotidienne, au lieu de croire que « c'est du tout cuit ».

Si les affaires de votre famille vous embêtent, inspirez-vous du soleil

« Comment puis-je apprendre à ma mère à ranger ses affaires ? »

« Mon épouse aurait bien besoin de suivre vos cours. »

Je reçois souvent ce genre de messages. Tandis que vous progresserez dans votre processus de rangement personnel, les affaires et les espaces de rangement appartenant aux membres de votre famille pourraient fort bien vous poser problème. « Mon mari semble avoir été inspiré par le rangement que j'ai effectué. Il s'est débarrassé de quelques objets, mais c'est loin d'être suffisant. Il doit bien y avoir un moyen de l'inciter à s'y mettre plus sérieusement. »

Comme je connais bien ce sentiment, cet agacement qui se manifeste quand on constate l'écart phénoménal entre son espace personnel et celui des autres membres de la famille.

« Je n'arrive plus à supporter de voir tout le fourbi de mon mari ! » me dit Y en soupirant. Elle vivait avec lui et leurs deux enfants, et elle était presque arrivée à la fin de ses cours. Tout ce qui lui restait à faire, c'était de terminer de ranger les objets dans sa cuisine et d'entreposer ce qui se trouvait dans l'entrée et la salle de bains. Elle avait considérablement réduit le volume de ses possessions, et était très satisfaite de son placard et de sa commode, à présent uniquement remplis de ce qu'elle aimait. Cependant, ce qui commençait à l'embêter, c'était l'espace de rangement de son mari, qui correspondait à une pièce qu'ils avaient divisée et faisant la moitié de huit tatamis (soit environ 3,50 mètres par 3,50 mètres).

« De mon point de vue, c'est seulement plein de bazar », me dit-elle. Cet espace étroit était rempli de maquettes de tanks, de figurines inspirées de la période où les provinces étaient en guerre au Japon, et de châteaux miniatures. En effet, il n'y avait aucune comparaison possible avec l'intérieur simple, naturel auquel, personnellement, elle aspirait. Cependant, dans cet espace, je pouvais discerner que son mari avait le sens de l'ordre, et que rien n'était en désordre.

« Il se sert de la moitié supérieure des étagères à livres, et j'utilise celle du bas, mais chaque fois que je vais chercher un livre, des mots comme "provinces en guerre" me sautent aux yeux de son côté, et je ne peux plus le supporter ! »

Ses propos dénotant une certaine partialité, je lui demandai : « Votre mari vous a-t-il jamais parlé de ses centres d'intérêt ? »

« Pourquoi m'en parlerait-il ? Il est évident que cela ne m'intéresse pas vraiment. »

Je décidai de lui donner des devoirs : « Si vous n'aimez pas quelque chose qui appartient à quelqu'un d'autre, la règle consiste à ne pas le regarder et à ne pas lui prêter attention. Cependant, si vous ne pouvez simplement pas vous empêcher de voir les affaires de votre mari, et si elles vous embêtent vraiment, alors je vous demanderai de les toucher. Par exemple, vous pouvez prendre une figurine ou effleurer d'un doigt la couverture d'un livre. Quoi que vous choisissiez de faire, touchez-les et regardez-les attentivement, au moins une minute. »

Lors du cours suivant, je lui demandai comment cela s'était passé. « Au début, je ne voulais même pas les toucher, et à vrai dire, je pensais que cet exercice allait être pénible. Mais curieusement, en regardant un objet pendant plus d'une minute, je me suis mise à réfléchir autrement. Par exemple, en regardant un château miniature, je me suis dit : "Regarde toutes ces minuscules pièces qui le constituent", ou en touchant un tee-shirt où était imprimé le nom d'un général célèbre, je me suis surprise à penser : "Je me demande ce qu'il ressent quand il le porte." Au final, j'ai en fait éprouvé de la gratitude envers ces choses qui apportent de la joie dans la vie de mon mari. » Je ne pus que constater qu'elle avait brillamment fait ses devoirs.

Si vous ne pouvez éviter de voir certaines choses, alors essayez de les regarder en face. Commencez par les toucher. Si Y s'était contentée de regarder sans les toucher les objets appartenant à son mari, elle n'aurait pas pu les considérer comme autre chose que des jouets. Lorsqu'elle en a pris un dans sa main, cependant, l'objet a acquis une réalité tangible. Une figurine, par exemple, n'était plus un samouraï anonyme, mais le puissant gouverneur féodal Takeda Shingen. Cela suffit pour atténuer de moitié l'aversion qu'elle éprouvait pour ces objets.

Toutefois, il peut arriver que vous ne supportiez simplement pas de toucher certaines choses, dans ce cas, nul besoin de vous y contraindre. Pour certaines personnes, des photos d'insectes ou un diorama d'un film avec des zombies pourraient s'avérer simplement trop affreux. Si après un seul regard vous savez que vous avez une aversion innée pour quelque chose, n'allez surtout pas vous tourmenter. De surcroît, ne touchez jamais un objet qu'une personne considère très précieux ou très intime sans demander au préalable son autorisation. **Vous n'avez pas à apprécier contre votre gré un objet appartenant à quelqu'un d'autre. Il vous suffira amplement d'être capable de l'accepter, tout simplement.**

Bien qu'ils ne vous appartiennent pas, les objets des membres de votre famille font partie du foyer où vous vivez. Du point de vue de l'entité plus large qu'incarne votre maison, vos affaires et celles de tous les autres sont toutes ses enfants à parts égales. Ce point est très important à comprendre. Bien que votre famille vive sous le même toit, la règle établie est la suivante : chaque personne doit avoir son espace personnel. Si chacun a un espace clairement défini où il sera libre de faire ce qui lui plaît, il veillera automatiquement à ce que ce qui lui appartient n'empiète pas sur l'espace du voisin. Si l'espace personnel n'est pas ainsi nettement délimité, le risque est grand de perdre de vue les limites des espaces de rangement et les affaires s'accumuleront. Il sera alors difficile pour la personne comme pour les objets d'apprécier leur demeure.

Voici une autre règle : une fois l'espace divisé par individu, il est impératif de ne pas chercher à savoir ce que les autres en feront. Précédemment dans ce livre, je vous ai suggéré de créer chez vous votre espace personnel où retrouver votre énergie, eh bien les membres de votre famille ont également besoin de leur coin où se ressourcer. Et si certains se mettent à ranger, même un tout petit peu, complimentez-les au lieu de les critiquer. Ranger est naturellement contagieux, mais si vous essayez d'obliger quelqu'un à le faire, vous ne rencontrerez qu'une résistance farouche. Rappelez-vous de la fable d'Ésope au sujet du vent du nord et du soleil : le vent ne parvint jamais à faire ôter au voyageur son manteau, malgré toute la force de son souffle, alors que le soleil, par l'entremise de ses rayons, l'incita simplement à s'en dévêtir. Il sera bien plus efficace de vous inspirer du soleil.

Ne contraignez personne à ranger contre son gré

Je me dois d'être totalement honnête avec vous, lecteurs. J'ai appris qu'une personne que j'avais aidée à ranger lors d'une émission télévisée avait connu par la suite un effet rebond spectaculaire. Bien que ce programme ait été différent de mes cours habituels, ce fut néanmoins la première personne à aller au bout du processus de rangement et qui a subi un véritable effet rebond par la suite. Non seulement j'en fus désolée, mais j'en éprouvai un tel choc qu'il me fallut quelque temps pour m'en remettre.

Grâce à cette expérience, cependant, je pris conscience que j'étais coupable d'orgueil. J'étais tellement sûre que pas une seule personne assistant à mes cours n'aurait pu échouer, quel que soit le degré de désordre chez elle. Mon autre erreur était d'avoir présumé que tout le monde serait heureux de vivre dans un intérieur propre et bien rangé. J'ai appris depuis que la personne concernée était en fait assez heureuse de vivre dans un espace encombré.

« Comment puis-je encourager ma famille à ranger ? » C'est l'une des questions que je reçois le plus fréquemment. Mais lorsque je m'entretiens avec ceux qui me la posent et que je rencontre leur famille, il n'y a généralement pas grand-chose que je puisse faire pour les aider, étant donné que les membres de leur famille n'éprouvent pas une envie irrésistible de changer leurs habitudes. L'un de mes livres préférés, *The Thrilling Art of Not Discarding!* (ou « L'art palpitant de ne pas se débarrasser ! ») (publié chez Gakuyosha Publishing Co., Ltd.), a été écrit par Shinobu Machida, un naturaliste qui aime collectionner les emballages de chocolat et de natto (du soja fermenté). Il en possède des centaines de chaque. Il déclare dans cet ouvrage : « Je n'aime pas les maisons spacieuses où on a l'impression que personne ne vit », puis il poursuit en vantant le mérite qu'il y a à ne rien jeter. Ce qui lui procure de la joie, c'est l'espace où il vit actuellement, rempli de choses.

Naturellement, le genre d'espace qui suscite de la joie chez quelqu'un dépend fondamentalement des valeurs de la personne en question. On ne peut pas changer autrui. Par ailleurs, il ne faudrait jamais obliger quelqu'un à faire du rangement. **Ce n'est que lorsqu'on accepte inconditionnellement les autres et leurs différences que l'on peut vraiment dire qu'on a terminé de ranger.**

Quand je vivais chez mes parents, pas une seule fois je n'ai réussi à faire en sorte que notre maison s'accorde à ma vision du mode de vie idéal. J'ignore le nombre de fois où je n'ai pu que soupirer à la vue des autres chambres de la maison, où il y avait beaucoup plus de choses que dans la mienne, ou encore de la zone du lavabo dans la salle de bains, qui était toujours en désordre quelques heures à peine après l'avoir rangée. Bien que j'aie honte de l'admettre, j'étais orgueilleusement convaincue que ma famille ne pouvait vraiment pas éprouver de joie en vivant dans tout ce fouillis. En fait, les gens qui choisissent de vivre ainsi sont souvent plutôt heureux. Me sentir désolée pour eux n'était que pure perte d'énergie.

Grâce à cette expérience, je me suis rendu compte que lorsque je commence à juger les autres, c'est généralement parce que quelque chose dans ma vie a besoin d'être réordonné, que ce soit ma chambre ou une tâche que j'ai remise à plus tard. Cela s'applique non seulement à moi, mais à presque tous ceux qui ont cette impression, qu'ils soient actuellement en plein rangement ou qu'ils aient déjà terminé. Quand des objets appartenant à d'autres personnes vous insupportent, l'astuce est de ne surtout pas perdre de vue votre objectif : remettre en ordre votre espace personnel. **Lorsque vous aurez terminé de tout ranger, vous saurez ce que vous voulez et comment y parvenir, alors ne perdez pas de temps à vous plaindre des autres.** Bien que le rangement soit quasiment terminé pour moi, il s'agit là d'un problème sur lequel je travaille encore.

Que devez-vous faire après avoir fini de ranger votre espace en totalité, mais que le désordre causé par votre famille vous irrite toujours ? Pour atténuer votre sentiment de frustration, je vous recommande de vous appliquer à faire le ménage.

Le rangement quotidien ne comprend que trois étapes : remettre les choses à leur place, les remercier à chaque utilisation, et en prendre soin. Puis c'est l'heure de faire le ménage. Il est essentiel de nettoyer à fond, en commençant par votre espace personnel. Une fois que vous l'aurez nettoyé au point que vous parviendrez à le garder dans cet état, vous pourrez ensuite vous attaquer aux espaces communs comme le vestibule d'entrée et la salle de bains.

Au lieu d'attendre que les autres se décident à ranger, consacrez-vous essentiellement à vos objets. Cela vous permettra de surmonter votre irritabilité. En vous activant, votre intérieur deviendra évidemment de plus en plus propre, mais vous serez également surpris de vous sentir apaisé et soulagé.

La prochaine étape consistera à apprendre comment répondre aux membres de votre famille si, inspirés par votre air on ne peut plus radieux, ils commencent à montrer pour le rangement un certain intérêt. Lorsque vous le verrez émerger, le moment sera venu de leur proposer votre aide. Cependant, gardez bien ceci à l'esprit : vous ne proposez que de les aider, évitez surtout de critiquer les critères qu'ils appliquent à leur sélection, ou de décider pour eux. Regrouper toutes vos affaires au même endroit et porter tous ces sacs représente beaucoup de travail. Face à ce qui peut sembler être une tâche herculéenne, bon nombre de gens n'arrivent pas à s'y mettre, même s'ils en ont envie. La méthode efficace pour les encourager à faire le premier pas, c'est de les assister d'un point de vue pratique et physique.

Il va sans dire que, s'ils veulent le faire eux-mêmes, n'insistez pas. Et s'ils commencent à poser ce genre de questions : « Tu penses que ça ira de se débarrasser de ça ? », répondez d'un ton encourageant : « Absolument, ça ira. »

Apprenez comment plier à vos enfants

Lorsque vous aurez fini de tout ranger, vous pourrez enseigner à ceux qui ont évité jusqu'ici de ranger une technique utile : le pliage. Maîtriser le rangement des vêtements peut en fait permettre de déterminer si une personne restera motivée pour poursuivre.

Bien que la capacité d'identifier un objet que vous aimez en le tenant dans votre main ne puisse être perfectionnée que par l'expérience, plier est une compétence qui peut être acquise bien plus vite si quelqu'un vous l'enseigne. Cela est également vrai pour les enfants qui apprennent à ranger.

« Mes enfants mettent tout le temps un tel bazar que j'en perds la tête… » Les clients qui tiennent ce genre de propos essaient généralement d'apprendre à leurs enfants à ranger leurs jouets, la première étape pour qu'ils s'exercent à ranger, cependant, ce n'est pas par là qu'il faudrait commencer. Les jouets sont très difficiles à catégoriser en raison de leur grande diversité, et parce qu'ils sont constitués de toute une variété de matériaux, il est parfois compliqué de savoir où les entreposer. En plus, les enfants ne jouent pas avec les mêmes jouets tous les jours, pas plus que de la même façon. De ce fait, ranger les jouets est un cours trop avancé pour des débutants.

Les vêtements, en revanche, peuvent être catégorisés relativement facilement, et on en porte généralement du même style au quotidien. Quand les enfants apprennent à plier leurs vêtements, il est facile pour eux de les ranger ensuite à leur place. De ce fait, il s'agit de la catégorie la plus simple pour entraîner les enfants. Mieux encore, quand vous leur apprenez à exprimer leur gratitude envers leurs vêtements quand ils les plient, vous leur enseignez non seulement la nécessité de ranger les choses après les avoir utilisées, mais aussi la quintessence même du rangement. Pour cette raison, pour les adultes comme pour les enfants, le pliage est la compétence essentielle à acquérir dans le domaine du rangement.

« J'ai essayé la méthode de pliage en famille et nous nous sommes tous bien amusés ! » Il s'agit de la réaction la plus fréquente à mes démonstrations de pliage à la télévision. Cette technique est géniale. Elle favorise la communication tout en vous permettant de remettre de l'ordre chez vous. Que votre famille attrape le virus du rangement ou non dépend essentiellement de vous, de ce fait, j'espère que vous vous amuserez bien tous ensemble à plier vos vêtements.

Même si vous échouez, ne vous inquiétez pas… votre maison ne risque pas d'exploser !

Dernièrement, j'ai commencé à apprendre à faire du pain. L'une de mes clientes gère un café et le pain qu'elle y sert est un vrai délice. J'étais justement en train de réfléchir à la façon dont je pourrais faire du pain aussi bon quand j'ai appris qu'elle donnait des cours. Je m'y suis inscrite immédiatement.

Ses cours, qui me font penser à des expériences scientifiques, sont fascinants. Après avoir étudié les bases de la méthode, nous avons modifié en partie la recette, comme le temps de levée, avant de comparer les résultats. Cela signifie que nous avons eu l'occasion de nous régaler de pain savoureux. La professeure nous a expliqué les changements qui se produisent pour chaque ingrédient pendant la levée, et la raison pour laquelle différentes saveurs et textures apparaissent, afin que nous comprenions le fonctionnement du procédé. Nous avons sélectionné les variantes que nous préférions parmi toutes ces expérimentations, pour essayer de les reproduire chez nous, puis au cours suivant, nous avons partagé tout ce que nous avions découvert, avec des commentaires de la professeure. Étant donné que j'ai passé ma vie immergée dans le rangement sans jamais avoir fait de pain, je dois admettre qu'au moindre détail, je me retrouvais en proie à une certaine nervosité.

Un jour, nous, les élèves, étions occupés à enchaîner nos questions et nos préoccupations.

« Ça dit ici que si on ajoute de la purée de légumes, la quantité ne devrait pas dépasser 20 %, mais je veux faire un pain qui a vraiment le goût carotte. Puis-je en ajouter un peu plus ? »

« Je n'arrive pas à savoir quand je dois arrêter de pétrir. »

« Je laisse toujours la pâte lever trop longtemps. »

Notre professeure répondait patiemment à toutes nos questions. Quand elle eut terminé, elle dit en souriant : « Ne vous inquiétez pas. Cela ne risque pas d'exploser ou quoi que ce soit ! »

Ces mots furent une révélation. J'avais mis la barre tellement haut qu'avant même d'avoir commencé, j'étais pétrifiée à l'idée d'échouer. On fait du pain en associant et en cuisant de la farine, de l'eau et de la levure. Si vous suivez les règles de base, du pain tout frais est presque toujours délicieux, et même si vous vous trompez, ce ne sera pas un désastre. Au lieu de me mettre la pression, je pouvais simplement aborder la préparation du pain comme un autre type de cuisine. La professeure nous encourageait à nous amuser en expérimentant afin de trouver les recettes que nous préférions individuellement. Après tout, chaque personne a ses préférences quant au type de farine, au temps de cuisson, etc.

C'est exactement la même chose avec le rangement. À la fin de mes cours, pendant la séance de questions, beaucoup lèvent la main.

« Il y a un placard dans le vestibule d'entrée. J'y range mes manteaux d'hiver et mes cache-nez, ainsi, je peux les prendre facilement en sortant. Mais est-ce que je dois m'en abstenir parce que cela signifie qu'il y a plusieurs espaces chez moi où je range mes vêtements ? »

Je réponds qu'il ne faut rien changer et de les garder dans l'entrée. Ces vêtements ont été manifestement classés dans la catégorie à part des « vêtements et accessoires à mettre avant de sortir », par conséquent, on ne peut pas dire que l'espace de rangement des vêtements est éparpillé.

« Vous avez dit de ne pas laisser nos familles voir ce dont on se débarrasse, mais quand je fais du rangement avec mon mari, il me dit ce qui ne me va plus ou me fait remarquer que je n'utilise jamais certaines choses. Je trouve ses conseils très utiles, et c'est bien plus amusant de ranger ensemble.

Mais devrais-je cesser de le faire pour pouvoir communier en silence avec mes possessions ? »

De nouveau, je réponds de ne rien changer et de continuer. Du moment qu'elle ne suit pas de conseils qui ne lui procurent aucune joie, ce n'est en aucun cas un problème. Voici le seul détail à garder à l'esprit : quelle que soit la manière dont vous décidez de vous débarrasser de certaines choses, au final, vous êtes le seul à assumer la responsabilité de vos choix.

« Je n'arrive simplement pas à le faire ! » s'est exclamée dernièrement une cliente. « Je peux plier mes chaussettes et mes sous-vêtements, mais quand il s'agit des cardigans et des pulls, n'y pensez même pas ! Je me contente de les mettre sur des cintres. Y a-t-il une autre méthode pour y parvenir ? » Les suspendre est parfaitement acceptable. Cependant, étant donné que cela prend davantage de place, vous devrez peut-être compenser en utilisant des cintres plus fins si vous avez beaucoup de vêtements à suspendre.

Vous voyez, tous mes clients finissent par élaborer leur propre méthode de rangement, mais étant donné qu'ils s'efforcent de le faire « correctement », ils ont toujours peur de se tromper. Permettez-moi de vous rassurer, tout ira bien. Même si vous faites une erreur, votre maison ne risque pas d'exploser. La première étape consiste à vous débarrasser de tout a priori et à suivre les principes de base du rangement. Ainsi, vous apprécierez plus facilement de remettre les choses en ordre tout en ajustant les détails plus subtils pour qu'ils s'accordent à votre vision de la joie. Cela vous permettra aussi de terminer plus rapidement votre festival du rangement.

Prenez-vous plaisir à ce festival ? Ou le rangement est-il devenu votre objectif en soi, ce qui vous donne l'impression qu'il s'agit d'une pénitence, au point que le simple fait d'y penser vous stresse ? Commenceriez-vous à croire que vous ne parviendrez pas à passer à autre chose avant d'avoir fini de ranger ? Quand je rencontre des gens qui ont ces impressions, cela me rappelle quand j'étais au lycée, tellement obsédée par le rangement que j'en fis une dépression nerveuse.

Si c'est ce que vous ressentez, faites donc une pause. Arrêtez de ranger et concentrez-vous à la place sur vos possessions, chérissez-les. Interrompez-vous un instant pour dire « merci » aux vêtements que vous portez, à votre stylo ou à votre ordinateur, à votre vaisselle ou à votre couette, à la baignoire ou à la cuisine. Les objets chez vous désirent tous sans exception contribuer à votre bonheur. Lorsque vous aurez compris qu'ils sont là pour vous protéger et vous soutenir, et lorsque vous aurez pris conscience que vous en avez suffisamment, vous pourrez alors reprendre.

Celles et ceux qui apprécient leur marathon du rangement remportent la victoire. Tant que vous assimilez bien les principes de base, poursuivez et prenez vous-même des décisions, en vous laissant guider par ce qui vous procure de la joie. Ma préparation du pain à ce jour n'en est encore qu'à ses balbutiements. Il m'arrive souvent d'oublier d'y incorporer un ingrédient, de pétrir la pâte trop longtemps, ou de m'endormir pendant la levée. Mais comme je m'amuse prodigieusement, au final, je suis sûre de réussir.

Les objets qui suscitent la joie s'imprègnent de précieux souvenirs

Au fur et à mesure de mes leçons, mes clients ont commencé à m'appeler « professeure ». Cela fait longtemps que je suis parvenue à l'étape où j'ai simplement la quantité nécessaire de possessions dans ma vie, et, fidèle à mon sentiment de joie, et en appliquant les règles de mon métier, mon placard ne déborde plus jamais de vêtements, les livres ne finissent pas empilés par terre. Évidemment, j'achète de nouveaux vêtements et d'autres choses, mais je me sépare par ailleurs de tout ce qui a rempli sa mission. De ce fait, je n'ai jamais l'impression que les objets envahissent mon espace de vie, et je suis particulièrement satisfaite de ma relation à mes possessions, confiante que je peux en prendre grand soin. Cependant, jusqu'à tout récemment, j'avais le sentiment que quelque chose me manquait. Apparemment, je n'avais pas encore trouvé ce que mes clients avaient découvert grâce au rangement.

Puis, il n'y a pas très longtemps, je suis allée admirer la floraison des cerisiers avec ma famille pour la première fois en quinze ans. J'étais confrontée à une sorte de blocage dans mon travail, et j'ai décidé spontanément de les appeler et de les inviter à se joindre à moi. L'endroit où nous sommes allés n'avait rien de spécial, simplement un petit parc près de chez moi qui n'est pas très connu. De ce fait, c'est l'endroit idéal où admirer les cerisiers en pleine floraison. Personne d'autre ne s'y arrête pour étendre en dessous une couverture, nous en avons donc profité en exclusivité.

Malgré cette invitation de dernière minute, ma mère avait préparé un pique-nique pour le déjeuner, quant à ma sœur et moi, nous nous comportions comme des petites filles surexcitées. En déballant et en ouvrant la boîte où se trouvait le déjeuner, nous avons découvert des *onigiri* (des boulettes de riz farcies de forme ovale ou triangulaire, enveloppées d'une algue *nori*) aux prunes marinées dans le vinaigre et au saumon grillé, du poulet frit, un plat de patates douces, et des tomates-cerises jaunes et rouges. Bien que le menu fût limité en quantité, tout était magnifiquement emballé et, évidemment, avec tant de soins que cela m'alla droit au cœur. La vue du contenu soigneusement disposé éveilla en moi la maniaque du rangement, et je ne pus m'empêcher de le comparer à ce que serait pour moi l'exemple parfait d'un tiroir bien organisé.

Mais ce n'était pas tout. Ma mère ouvrit un autre paquet qui révéla une bouteille d'*amazake* de teinte rosée, une boisson peu alcoolisée à base de riz fermenté, et de petits verres roses ornés d'un motif de fleur de cerisier. Quand ils furent remplis d'*amazake* rosé, on eût dit que ces fleurs étaient en train d'éclore dans nos verres. « Comme c'est beau ! » Les fleurs que je contemplais ce jour-là en compagnie de ma famille furent les plus belles que j'aie jamais vues.

Une fois rentrée chez moi, quelque chose dans mon appartement me parut différent. Rien n'avait en réalité changé depuis que je l'avais quitté. C'était toujours le même espace que j'adorais, rempli de tous ces objets qui m'inspiraient de la joie, chacun d'eux posé commodément à sa place. À cet instant, me revinrent à l'esprit les verres ornés d'une fleur de cerisier que nous avions utilisés cet après-midi-là. Et enfin, je compris. Les verres que ma mère avait choisis pour cette occasion m'indiquaient l'élément précieux qui m'avait manqué. **Je veux vivre ma vie de telle sorte qu'elle imprègne mes possessions de souvenirs.**

Les verres étaient une expression de l'amour et de l'affection de ma mère, elle les avait sélectionnés avec la volonté de faire de ce moment une journée spéciale, même rien qu'un peu. J'avais vu ces verres chez nous de nombreuses fois et j'avais toujours pensé qu'ils étaient jolis, mais ils avaient été transformés en « ces petites tasses spéciales que ma mère avait remplies d'*amazake* quand nous avons admiré la floraison des cerisiers ». Je pris ainsi conscience que la valeur des choses avec lesquelles j'avais passé des heures précieuses seule ne peut être comparée à la valeur des choses qui portent en elles de précieux souvenirs du temps passé en compagnie d'autres personnes.

Mes vêtements et mes chaussures préférés ont à mes yeux une valeur spéciale, et je les porte tout le temps, mais ils ne peuvent rivaliser avec ces choses imprégnées du souvenir des personnes qui me sont chères. Je pris ainsi conscience que ce que j'avais vraiment désiré, c'était simplement d'être avec ma famille. Comparé à tout ce temps que je passais avec mes possessions, seule et au travail, j'avais consacré considérablement moins de temps à échanger avec mes proches. Évidemment, je continuais néanmoins à apprécier le temps que je passais seule. Cependant, l'objectif de tout cela, c'est de prendre soin de moi afin que je puisse apprécier pleinement le temps d'autant plus épanouissant passé avec des personnes chères, et contribuer encore plus au bonheur de ceux qui m'entourent.

Si les verres n'avaient été qu'ordinaires, je ne m'en serais pas moins souvenue de la boisson qu'avait apportée ma mère, mais je doute fort que je me serais souvenue d'eux. Les objets imprégnés de souvenirs portent en eux une impression bien plus nette des occasions spéciales. Grâce à eux, nous gardons le passé clairement en mémoire. Et les objets qui nous procurent de la joie ont une capacité d'autant plus grande à absorber nos souvenirs. Quand ces verres se casseront finalement, comme cela arrivera malheureusement un jour, quand ils auront fini de servir et que le temps sera alors venu de les remercier et de leur dire adieu, je sais qu'ils laisseront gravé à jamais dans mon cœur le souvenir de notre piquenique sous les cerisiers en fleur.

Nos possessions sont une partie de nous-mêmes, et quand elles finissent par disparaître, elles laissent derrière elles des souvenirs éternels.

Tant que je considère mes possessions avec sincérité et que je ne garde que celles que j'aime, tant que je chéris le temps que je passe avec elles et que je cherche consciemment à ce que le temps passé ensemble soit aussi précieux que possible, chaque jour sera rempli de chaleur et de joie. Mon cœur est tellement plus léger de cette façon.

Par conséquent, je vous le recommande vivement une nouvelle fois : terminez dès que possible de remettre les choses en ordre, ainsi, vous pourrez passer le restant de votre vie entouré des personnes et de ces choses qui vous sont les plus chères.

Épilogue

C'est à peu près à l'âge de quinze ans que j'ai ressenti l'appel du rangement. À cette époque, je passais chaque jour à ranger, non seulement ma chambre, mais pratiquement chaque pièce de la maison, des chambres de ma famille en passant par la cuisine, le salon et la salle de bains. Chaque fois que je raconte cette histoire, c'est-à-dire partout où je vais et à qui veut bien l'entendre, on suppose généralement que notre maison devait être impeccablement rangée, mais j'ai bien peur que ce fût loin d'être le cas. Même après la publication de mon premier livre, rien n'avait changé. Puis, un jour, j'ai reçu l'e-mail suivant : « Chère KonMari, s'il vous plaît, aidez-moi à remettre de l'ordre dans mon foyer. »

Je donne toujours la priorité aux clients qui réservent un cours, bien sûr, mais quand je vis l'auteur de cet e-mail, je décidai d'aller encore plus loin cette fois-ci en renonçant immédiatement à mes vacances – prévues de longue date – pour lui accorder un rendez-vous.

Cette requête pour des conseils sur le rangement venait, de toutes les personnes possibles, de mon père.

Il utilisait maintenant mon ancienne chambre, dont la surface au sol était de six tatamis (soit 2,75 mètres par 3,65 mètres) et dont les seuls meubles étaient un placard et une bibliothèque encastrée. Dans cet espace restreint, il n'y avait qu'un lit et un petit bureau, mais pour moi, c'était le paradis. Je gardais ma chambre bien propre, en essuyant le sol tous les soirs avant de me coucher.

Quand je suis arrivée chez mes parents, cependant, je la découvris complètement transformée. La première chose que je vis en ouvrant la porte fut un portant à vêtements juste devant le placard, qui en bloquait complètement l'une des portes. Une boîte en carton pleine de rations alimentaires d'urgence en cas de catastrophe était posée au sol, et à côté se trouvait un lot de deux grands tiroirs en plastique remplis de produits d'entretien en surplus et d'autre matériel. Une pile impressionnante de magazines s'était amoncelée devant la bibliothèque encastrée, et pire que tout, une nouvelle télévision numérique avait été placée sans considération sur la vieille télé analogique, en une disposition audacieuse.

Pour qu'il n'y ait aucun malentendu, je dois vous préciser que mon père apprécie en fait de faire le ménage et de décorer la maison, et il est généralement consciencieux quand il s'agit de s'assurer que les choses restent à leur place. Cependant, la seule chose qu'il ne parvient pas à se résoudre à faire, c'est jeter. Il a annoncé à ma mère qu'il ne se débarrasserait d'aucun de ses vêtements avant sa mort, et pendant dix ans, il a résisté farouchement à tous mes encouragements pour en réduire la quantité. Ce n'est que lorsqu'il se retrouva très occupé professionnellement au point de ne plus avoir le temps de ranger chaque jour qu'il dut se rendre à l'évidence que sa chambre était une véritable catastrophe, et qu'il se décida enfin à essayer d'y remédier.

C'est ainsi que les cours de rangement de mon père ont débuté. Comme d'habitude, nous avons commencé par rassembler au même endroit tous ses vêtements, et il semblait y en avoir à n'en plus finir. Il y en avait des tas portant toujours leurs étiquettes, d'innombrables sous-vêtements encore dans leur emballage plastique, des vestes jamais portées dont il avait oublié jusqu'à l'existence, et des tonnes de polos exactement du même style. Cela suscita la réaction typique : « Tout ça ! c'est vraiment à moi ? » Nous avons poursuivi en prenant chaque vêtement et en ne sélectionnant que ceux qui lui procuraient de la joie. J'éprouvai un sentiment étrange en regardant mon père prendre sa décision, confronté à ses possessions l'une après l'autre. Avec une certaine hésitation, il annonçait : « Celui-ci me rend joyeux », « Je suis reconnaissant d'avoir celui-là », et « Je suis désolé de ne pas avoir pu t'utiliser ». Au cours des deux jours suivants, nous avons trié toutes ses affaires dans le bon ordre : les vêtements, les livres, les papiers, les *komono* et les objets de valeur sentimentale. Après les avoir tous triés et nous être débarrassés de vingt sacs de fourbi, nous nous sommes attaqués à la salle de bains et aux espaces communs. Puis nous avons terminé par un cours sur le rangement.

Au final, la pièce de mon père était manifestement devenue un tout autre univers, empreint de joie. Tout, à part son lit et la télé, avait été rangé, et le parquet était à nouveau visible. La bibliothèque ne contenait que les livres et CD qu'il aimait et sur une étagère à présent quasiment vide était posée une poterie décorative que ma sœur cadette avait réalisée au lycée, ainsi que des figurines d'un orchestre de jazz qu'il avait commandées par correspondance. En guise de touche finale, il accrocha un tableau qui, jusqu'ici, avait été relégué à l'intérieur du placard, et la pièce entière semblait lumineuse et charmante, faisant penser à une maquette d'un bel intérieur.

« Je n'arrêtais pas de me dire que je m'en occuperais un jour ou l'autre, que je le ferais sans faute la semaine prochaine », me dit mon père. « Je suis vraiment soulagé de l'avoir finalement fait. Quand on s'y met, c'est surprenant de constater quelle transformation peut se produire en deux jours à peine. » En percevant la satisfaction dans sa voix, je me rendis compte que cela avait été une façon magnifique de lui témoigner mon amour. Même quelqu'un comme mon père, qui avait évité de faire du rangement pendant dix ans, a pu y procéder très rapidement une fois décidé et a été témoin de l'impact spectaculaire que cela peut avoir sur une vie.

Le mot de la fin : se préparer pour la prochaine étape de sa vie

« J'avais consulté des livres expliquant des méthodes pour tout ranger de fond en comble, mais je n'avais jamais commencé parce que j'avais l'impression que c'était beaucoup trop de travail… Quand je m'y suis finalement mis, cela a représenté encore plus de travail que je m'y attendais. J'avais tant d'affaires, et j'étais très occupé par mon travail. Il m'a fallu toute une année. J'ai passé toutes mes vacances à faire du rangement… Puis, il y a peu de temps, je suis finalement arrivé à la fin. J'ai fini de ranger dans la foulée mes photos et tout ce qui était en attente… J'ai eu le sentiment de renaître. Partout où mon regard se pose, tout ce que je vois, ce sont des choses qui rendent heureux. J'éprouve de la tendresse pour tout ce qui fait partie de ma vie et, tout simplement, une telle reconnaissance ! »

Quand je reçois ce genre de lettres, mon esprit se remplit de visions de l'avenir de leurs expéditeurs. Quand ils me les envoient, ils sont déjà en route vers la prochaine étape de leur vie. En étant pleinement conscients du bel espace dans lequel ils vivent, ils sont dorénavant en mesure d'abandonner toute habitude dont ils ont toujours souhaité se débarrasser, pour voir clairement ce qu'ils souhaitent vraiment accomplir et faire ce qu'il faut pour y parvenir.

Remettre sa maison en ordre s'apparente à remettre de l'ordre dans sa vie, afin de se préparer pour la prochaine étape. Lorsque vous aurez bien assumé la phase actuelle de votre vie, la suivante se présentera à vous naturellement. J'ai remis mes affaires en ordre pendant les années où j'étais à l'université. Depuis, j'ai le sentiment d'avoir su accueillir chaque nouvel événement dans ma vie et gérer tout ce dont il était nécessaire de s'occuper.

Pour moi, l'étape la plus récente a commencé au printemps 2014, quand je me suis mariée. Fonder une famille m'a permis d'avoir un nouveau regard sur la vie. Tout d'abord, je suis en train d'apprendre que les règles familiales inexprimées diffèrent d'un foyer à l'autre, et que les méthodes de rangement que j'avais supposé être évidentes nécessitent d'être adéquatement transmises et expliquées. Quand j'étais célibataire, je n'avais chez moi que mes affaires, mais maintenant, elles se partagent l'espace avec celles de mon mari. Et je veux prendre autant soin des siennes que des miennes.

En gardant cela à l'esprit, nous avons dernièrement passé un peu de temps à ranger, tous les deux. Nous n'étions pas dans l'obligation de nous engager à 100 % dans une campagne de rangement, étant donné qu'en raison de la nature de mon travail, je ne possède que le strict minimum, et le style de vie de mon mari est si minimaliste que, lors de son emménagement, ses possessions ne remplissaient que quatre cartons. Au lieu de cela, notre cours a consisté à plier et à ranger les vêtements.

Je lui ai expliqué comment plier chaque type de vêtement, comment les ranger debout à la verticale une fois pliés, ou comment les suspendre du plus long au plus court de gauche à droite. En nous y attelant, nous avons discuté. Jusque-là, j'avais cru qu'il était plus efficace que chaque personne s'emploie dans son coin à ranger ses affaires, mais après cette expérience, je me suis rendu compte qu'il peut en fait être utile de passer un peu de temps en famille pour communier avec ses possessions. Le processus du rangement semble approfondir les relations, non seulement entre nos possessions et notre foyer, mais aussi entre nos possessions et nous-même, ainsi qu'entre nous-même et notre famille.

Tandis que je réfléchissais à la nature de ces relations, il m'est venu à l'esprit que les Japonais, depuis les temps les plus anciens, ont toujours dispensé des soins attentionnés aux choses matérielles. Le concept de *yaoyorozu no kami*, qui signifie littéralement « 800 000 dieux », en est un exemple. Les Japonais, croyant que les dieux résidaient dans les éléments naturels comme la mer et la terre, mais aussi à l'intérieur du fourneau, et même dans chaque grain de riz, montraient à tous une grande vénération. Au cours de l'époque Edo, de 1603 à 1868, le Japon, afin de s'assurer que rien ne soit gaspillé, mit en œuvre un système de recyclage bien organisé et efficace. La notion que tout est imprégné d'un esprit semblerait être inscrite dans l'ADN des Japonais.

L'esprit qui réside dans les choses matérielles a trois facettes : l'esprit des matériaux constituant l'objet, l'esprit de la personne qui l'a façonné, et l'esprit de la personne qui l'utilise. L'esprit de l'artisan a un impact particulièrement puissant sur la personnalité d'un objet. Par exemple, le livre que vous êtes en train de lire est en papier. Mais ce n'est pas simplement n'importe quel papier. C'est du papier où ont été instillés mon fervent souhait que vous essaierez de ranger et mon désir d'aider tous ceux d'entre vous qui souhaitent vivre une vie qui leur inspire de la joie. L'intensité de ces sentiments continuera à imprégner l'atmosphère, même une fois que ce livre aura été refermé.

Cependant, au final, ce sont les sentiments qu'éprouve la personne qui se sert d'un objet, la manière dont elle le traite, qui détermineront le type d'aura qui en émanera (en japonais, le terme correspondant est *kuki-kan*, ce qui signifie littéralement « sensation dans l'air »). La luminosité qui irradie de ce livre et la présence qui en émane ne dépendront que de vous et de la manière dont vous le traitez, du fait que vous vous en serviez ou non, ou que vous l'ayez simplement acheté sans l'avoir jamais lu. Cela se vérifie pour tous les objets, pas uniquement pour ce livre : votre esprit détermine la valeur de tout ce que vous possédez.

Dernièrement, voici l'expression qui n'arrête pas de me passer par la tête quand je travaille avec mes clients : *mono no aware*. Ce terme japonais, qui signifie littéralement le « pathos des choses », désigne l'émotion profonde suscitée quand nous sommes touchés par le spectacle de la nature, l'art ou la vie d'autrui, en ayant conscience de leur caractère éphémère ou transitoire. Il se réfère également à la quintessence des choses et à notre capacité à la percevoir. Lorsque mes clients poursuivent le processus du rangement, je discerne un changement dans leurs propos, ainsi que dans les expressions sur leur visage, comme s'ils affinaient leur capacité à ressentir le concept du *mono no aware*.

L'une de mes clientes, par exemple, qui regardait fixement une bicyclette qu'elle avait chérie et utilisée pendant des années, me dit soudain : « Vous savez, cette bicyclette, je viens juste de comprendre qu'elle était comme mon partenaire dans la vie. »

Une autre cliente m'a dit en souriant : « Même mes baguettes me paraissent incroyablement précieuses, maintenant. » Le changement ne concerne pas uniquement leurs sentiments envers les possessions matérielles. Ces personnes sont également capables de prendre le temps et de savourer physiquement les changements des saisons, et elles deviennent bien plus bienveillantes à leur propre égard, comme à l'égard de leur famille.

Je pense que remettre de l'ordre dans nos affaires et renforcer ainsi notre relation à nos possessions permet de revenir à l'essence même du concept du *mono no aware*. Nous redécouvrons notre capacité innée à chérir les choses qui font partie de notre quotidien tout en reprenant conscience que notre relation au monde matériel correspond à un soutien mutuel.

Si vous éprouvez constamment de l'anxiété sans trop savoir pourquoi, essayez de remettre vos affaires en ordre. Prenez chaque objet que vous possédez entre vos mains et demandez-vous s'il suscite en vous un sentiment de joie. Puis chérissez ceux que vous choisirez de garder, comme vous vous chérissez vous-même. Ainsi, chaque jour de votre vie sera empli de joie.

Remerciements

Mon voyage dans l'univers du rangement a commencé à l'âge de quinze ans. À un moment, j'ai cru que j'allais donner toute ma vie des cours privés dans ce domaine, mais avec le temps, mon approche a évolué. J'ai maintenant deux apprenties, j'ai fondé une association nationale pour former dans tout le pays des consultants en rangement. De surcroît, mon premier livre, *La Magie du rangement*, a été traduit et publié dans plus de trente-cinq pays. Ce qui en a découlé a dépassé de loin toutes mes espérances. Je suis non seulement ravie mais également stupéfaite que la méthode KonMari, née de mon obsession pour le rangement, se répande dans le monde entier. J'ai été d'autant plus étonnée de faire l'objet d'un article dans le *New York Times* et de recevoir des messages de l'étranger. Afin de transmettre la méthode KonMari, j'ai l'espoir de me rendre dans plusieurs pays et d'effectuer une enquête internationale sur le rangement.

Comme je l'ai brièvement mentionné, mon mariage a représenté un tournant majeur dans ma vie. Grâce à mon mari, qui est simplement incroyablement doué pour les tâches ménagères, j'ai encore plus de temps pour me consacrer à ma passion. En tant que mordue du rangement invétérée, cela me permet d'être bien occupée tout en contribuant à mon bonheur.

Pour finir, permettez-moi de saisir l'occasion d'exprimer ma profonde gratitude aux nombreuses personnes sans la collaboration et le soutien desquelles ce livre n'aurait pu voir le jour. Je remercie ma traductrice, Cathy Hirano ; l'équipe de ma maison d'édition américaine Ten Speed Press/Crown Publishing, particulièrement Lisa Westmoreland, Betsy Stromberg, Daniel Wikey, Hannah Rahill, Aaron Wehner, David Drake et Maya Mavjee ; mes agents Neil Gudovitz et Jun Hasebe ; et l'équipe de ma maison d'édition japonaise Sunmark Publishing, particulièrement Nobutaka Ueki, Tomohiro Takahashi, Ichiro Takeda et Shino Kobayashi.

Je suis aussi extrêmement reconnaissante à chacun de vous d'avoir choisi ce livre. Merci beaucoup à tous.

Marie « KonMari » Kondo

Au sujet de l'auteur

Marie Kondo est la créatrice de la célèbre méthode KonMari et l'auteure du livre classé dans les meilleures ventes par le *New York Times*, *La Magie du rangement*, qui s'est vendu à plus de cinq millions d'exemplaires dans le monde, a été traduit en trente-cinq langues et a fait l'objet d'une daptation pour un téléfilm dramatique au Japon. Elle est également l'auteure d'un cahier pratique : *Life-Changing Magic : A Journal* (Ten Speed Press, 2015). Sa société de conseil réputée est basée à Tokyo et aide ses clients à transformer leurs maisons encombrées en des espaces empreints de sérénité et propices à l'inspiration. Des articles sur Marie Kondo ont été publiés dans le *Wall Street Journal*, l'*Atlantic*, le *New York Times*, *USA Today* et elle a présenté son travail dans l'émission *The Today Show*. Elle a été nommée comme l'une des cent personnes les plus influentes au monde par le magazine *Time*. Elle vit à Tokyo, au Japon, avec son mari et leur petite fille.

Mise en page par
Pixellence/Meta-systems
59100 Roubaix

Cet ouvrage a été achevé d'imprimer en mai 2016
dans les ateliers de Normandie Roto Impression s.a.s.
61250 Lonrai
N° d'impression : 1601154
N° d'édition : L.01EUCN000763.N001
Dépôt légal : mai 2016

Imprimé en France